IS DEMOCRACY POSSIBLE HERE?

民主是可能的吗？
新型政治辩论的诸原则

〔美〕罗纳德·德沃金 著　鲁楠　王淇 译

献　给
拉斐尔和约瑟芬·贝琪

致　谢

　　这本书是 2005 年春季在普林斯顿大学举办的斯克莱布诺(Scribner)系列演讲基础上完成的,该演讲获得了普林斯顿大学出版社的赞助。我对筹办演讲的出版社和大学深表谢意,并对参与演讲并参加后续研讨班的普林斯顿师生和其他人深表感激。我亦感谢我的编辑们,伊恩·马尔科姆(Ian Malcolm)与帕特里夏·威廉姆斯(Patricia Williams)给我的莫大帮助。

罗纳德·德沃金（1931—2013）

目 录

1 | 德沃金：一只远去的刺猬
　　鲁楠

1 | 认真对待德先生（译者序）
　　鲁楠　王淇

1 | 前言

1 | 第一章 · 共识

21 | 第二章 · 恐怖主义与人权

45 | 第三章 · 宗教与尊严

80 | 第四章 · 赋税与合法性

114 | 第五章 · 民主是可能的吗？

141 | 结语

145 | 索引

162 | 译后记

德沃金：一只远去的刺猬

2011年春天，年届79岁高龄的罗纳德·德沃金，携带他的最后之作《刺猬的正义》回到哈佛，哈佛用最隆重的礼遇来接待这位著名的校友。在演讲厅内，来自人文社科领域的世界级学者济济一堂，其中有因《公正》公开课而闻名世界的桑德尔，还有桀骜不驯的批判法学大师邓肯·肯尼迪。尽管这些学者与德沃金的观点并不相同，甚至针锋相对，但他们仍然选择出席，表达对这位思想家的尊重。

在演讲中，德沃金引用古希腊诗人阿奇洛库斯的名言来为自己盖棺论定："狐狸知道很多事，但刺猬只知道一件大事。"而这一隐喻曾经被英国思想家以赛亚·柏林引用，来形容俄罗斯两位著名的文学家托尔斯泰与陀思妥耶夫斯基。德沃金认为，这也可比喻两种类型的哲学家：狐狸型的哲学家对正义抱有怀疑态度，所论之道德困局，往往发人深省；但刺猬型哲学家不同，他们直指根本问题，要给出一个终极答案。他觉得，自己终身所做的工作，便是尽一个刺猬型哲学家的天职。

时隔两年，德沃金因白血病在伦敦悄然仙逝。在此之前，学界曾传言，这位多产而高龄的思想家在其新著《刺猬的正义》出版并收获巨大反响之后，仍在酝酿撰写新著，探讨跨越国家的正义问题。然而，上帝决定让这颗伟大的心灵安息。一时之间,英美学界用各种溢美之词来为德沃金盖棺论定,而其中最准确的表达可能是:美国著名的政治哲学家、法学家,继罗尔斯之后的又一位自由主义大师。

1931年12月11日,德沃金出生于美国麻省的沃切斯特,后在罗德岛的普罗维登斯度过童年岁月,并在那里读完高中,考入哈佛大学。在就读哈佛时,他曾想攻读文学,但不久兴趣便转向了哲学。1953年,德沃金在哈佛取得文学学士学位之后,以罗德奖学金得主的身份赴英国牛津大学留学。在牛津,德沃金的兴趣开始转向法律。而在当时,享誉世界的法学家哈特正是牛津大学的法理学教授。在毕业考试阅卷过程中,哈特惊讶地发现,这位美国学生竟然每道试题都拿到最高分,而且其观点与他所主张的法律实证主义针锋相对,当时他或许已经意识到,未来西方法学的"瑜亮之争",将在他与这位青年之间展开。

1957年,在结束为期两年的牛津访学之后,德沃金在哈佛取得法学学位,并投身实务。他于1957—1958年间,担任著名法官勒尼德·汉德的助理,受到这位伟大法官的赏识;1958—1962年间他在纽约从事律师职业。但很快,德沃金便结束了短暂的实务生涯。多年后,在接受卫报记者采访时,回忆这段历程,他说:"我曾努力为我的决定负责,不虚度此生,当我还是一个华尔街律师的时候,我意识到这并非我想要的生活。所以我选择离开,从事更有意义的事,也就是为那些疑难、重要和有价值的事情而思索和辩论。"

1962年,30岁的德沃金取得了其学术生涯的第一个职位,任耶鲁大学法学院副教授。此后他历任牛津大学、纽约大学教授,再也没有离开过学术界。

1967年,德沃金在《哈佛法律评论》上发表了令他一举成名的论文《规则的模式》,在西方法学界投下了一枚重磅炸弹。在这篇论文中,德沃金对他的前辈,哈特的法律实证主义进行批评,从此开启了两人长达40年的学术争论。这场争论直到哈特去世之后仍余音不绝,对西方法学界产生了深远影响。法律实证主义认为,法律是一套自治的规则体系,它的运转自有规律,与道德、伦理并无直接关联;对于一个尊奉自由的现代社会来说，功利主义是合宜的道德态度。而德沃金反对这种意见，认为法律始终具有道德性，这种道德性镶嵌于法律原则中，反映出宪法的基本价值和立国的基本共识。在德沃金看来，这种基本价值和共识，应当是自由与平等，是对公民权利的认真对待，是对一个"平等关怀与尊重"的良好社会的坚守。在德沃金看来，在政治和法律制度的背后，应当有一个不可克减、不可动摇的东西，即承认每个人拥有自我决定、自我实现和自我负责的权利。

哈特与德沃金这两代法学家之间的争论，很快蔓延到整个西方法学界，使法学界赫然划分为"哈派"与"德派"两大阵营。但有趣的是，学术立场的激辩，并没有损害两位法学家之间的感情。相反，哈特始终将德沃金视为自己的学术接班人，以至于1969年，在他的大力举荐下，德沃金接替了哈特在牛津大学的法理学教席。二人之间的争论和友谊并行不悖，成为学界佳话。然而，德沃金并未因此放松对哈特理论的"讨伐"，直到1992年哈特去世之后，德沃金仍撰写文章，对其理论进行批判。在旁人看来，这几乎不近人情。但哈特如泉下有知，恐怕也会认为，这样的"批判"才是对一个学者最好的祭奠。

德沃金一生著作颇丰，其中堪称经典，能名垂青史者，有《认真对待权利》《法律帝国》《原则问题》《自由的法》和《至上的美德》等。在这些著作中，德沃金不改初衷，仍不断阐释和深化其权利理论，将之运用于解决美国社会的各种重大争议，包括平权行动、堕胎、同性婚姻、安乐死等敏感议题。在这些问题上，德沃金也是一位立场鲜明的"公共知识分子"，他时常在《纽约书评》上发表文章，抛出决斗的白手套，与人争论。但同时，他也呼吁民众抛弃意识形态之争，能真正从美国立国的基本共识出发，寻求解决新的道德争议和政治分歧的最佳方案。他说，惟有各方坦诚相见，以理性和理由来说服对方，才能证明彼此是伙伴，而非仇敌。

如今，这只桀骜不驯的刺猬，悄然远去。

鲁楠

2014年5月

认真对待德先生(译者序)

一

自1998年,德沃金的著作《认真对待权利》[1]被引介到中国以来,时光已经度过了整整12年。其间德沃金的法学与政治哲学著作陆续登陆中国,包括《法律帝国》[2]《原则问题》[3]《至上的美德:平等的理论与实践》[4]《自由的法:对美国宪法的道德解读》[5]以及晚近由两位青年学者翻译的《身披法袍的正义》[6]。不知不觉间,德沃金的作品已经伴随着中国两代法学家走过了十多年的漫长岁月。

人们熟悉德沃金,将他的主张概括为"权利论""法律整体性理论",将他的司法理论概括为"建构性诠释理

---

[1] 参见〔美〕罗纳德·德沃金:《认真对待权利》,信春鹰、吴玉章译,上海三联书店2008年版。
[2] 参见〔美〕罗纳德·德沃金:《法律帝国》,李常青译,北京,中国大百科全书出版社1996年版。
[3] 参见〔美〕罗纳德·德沃金:《原则问题》,张国清译,南京,江苏人民出版社2005年版。
[4] 参见〔美〕罗纳德·德沃金:《至上的美德:平等的理论与实践》,冯克利译,南京,凤凰出版传媒集团、江苏人民出版社2007年版。
[5] 参见〔美〕罗纳德·德沃金:《自由的法:对美国宪法的道德解读》,刘丽君译,上海人民出版社2001年版。
[6] 参见〔美〕罗纳德·德沃金:《身披法袍的正义》,周林刚、翟志勇译,北京,北京大学出版社2010年版。

论",将他的政治哲学归纳为"平等关怀与尊重"学说;人们看重德沃金,将他与罗尔斯相提并论,认为他们是政治自由主义的理论大师;甚至那些H. L. A·哈特的中国信徒们,也心悦诚服地承认,德沃金是他们的理论导师最具威胁的对手。尽管如此,出于种种理由,目前国内并没有很多学者精研德沃金的理论,他在国内法学界的热度不及哈特,甚至不及德国纳粹时代的御用法学家卡尔·施米特。

人们对出现这种现象的原因有着种种不同的说法。有人认为,德沃金著作中的观点重复率很高,各个作品中展示的往往是一些早已阐释过的观点,不值得再看。不得不承认,这的确讲出了部分的事实。在这个文化消费异常迅速的时代里,不仅"谎言讲过千遍,便会变成真理",而且"真话讲过千遍,就会变成废话"。而老德沃金言之谆谆,将"平等关怀与尊重"以及"认真对待权利"奉为圭臬,从黑发讲到白发,个中缘由未必是他创造力的枯竭,而是在这个喧闹的世界里,稀缺的往往并非新异的创见,而是大家视而不见的"常识"。有人认为,德沃金是自由主义意识形态的现代"旗手",它所主张的一切难免与有着不同意识形态主张的中国格格不入。但这也无法解释,当下中国的法学界何以对英伦岛国的实证主义大师垂青有加,更无法解释,还有人对纳粹法学家施米特如此着迷。有人认为,德沃金的理论叙事深深卷入到了美国的政治与法律实践之中,这既成就了德氏作为顶尖法学家的英名,也在某种程度上减弱了德氏理论的"普遍性"。相反倒是以探究法律明晰的语义框架为职志的哈特,更容易在企望法治的其他国度落地生根。诚然,作为一个法学家,尤其是一个有着浓厚政治关怀和道德关怀的法学家,他在"为谁而写作"这个问题上,一定有着非常沉重的政治责任和道德责任:如果不是为了自己的"同胞"和"伙伴"而写作,不是为了"政治共同体"而鼓与呼,为了共享的原则而批判和奋战,那么法学家的存在又有何意义?但这并不意味着,承担这种责任的法学家,其影响无法超越国界——当我们阅读德沃金老而弥笃的论战性文字时,我们会产生一种深刻的共鸣。因为,我们也是以同样的责任和意识去为属于我们的"政治共同体"而写作,也是以我们的"同胞"和

"伙伴"为对象,要求整个国家去认真对待某些东西。正如德沃金所一直呼吁的,作为一个研究政治和法律的人,难以对发生在身边的事实抱有一种完全"价值无涉"的态度,这种学术事业本身就要求研究者更多地以一种参与者视角去观察和领会,去批判和建构。在我们为中国读者增添的这本德氏新作中,也一以贯之地保持了这种参与者视角和批判性建构的态度。

二

德沃金结合小布什当政时期美国所发生的一系列政治争议展开了论述,这些争议囊括了恐怖主义分子嫌犯的人权、宗教在公共生活中的角色、再分配性税收的正当性等一系列热点问题。在小布什当政期间,这些问题一再点燃美国民众的政治激情,将长久以来已然形成的保守主义和自由主义两大阵营的分化表面化了。

为了充分理解本书论述的背景,我们有必要对美国政治生活中保守主义与自由主义之间的对立作简要的回顾。[7] 美国的保守主义意识形态兴起于20世纪70年代,其产生的主要背景是对罗斯福新政以来美国国家权力的扩张和福利国家道路的选择问题进行反思。在经济和政治维度,保守主义主张,应当按照亚当·斯密以来西方经济学中的经典洞见来重新组织国家政治生活和经济生活,限制政府权力,保持市场的充分自由和完全竞争,从而重新赋予经济社会以活力,这一层面的论述集中体现在以哈耶克与米尔顿·弗里德曼为代表的芝加哥学派的学术主张中[8];在文化之维,保守主义主张维护并复兴一些具有重大意义的核心价值,甚至

---

[7] 关于美国新保守主义的崛起,参见〔英〕约翰·米克尔斯韦特、阿德里安·伍尔德里奇:《右翼美国》,王传兴译,上海人民出版社2004年版;薛涌:《右翼帝国的生成》,桂林,广西师范大学出版社2004年版。

[8] 参见〔英〕弗里德里希·冯·哈耶克:《自由秩序原理》,邓正来译,北京,生活·读书·新知三联书店1997年版;〔美〕米尔顿·弗里德曼、罗丝·弗里德曼:《自由选择》,张琦译,北京,机械工业出版社2008年版。

是宗教价值。保守主义抨击自由主义者对伦理生活问题所采取的中立和放任态度，认为国家的政治认同和生命力建立在对一些核心价值的肯定之上，这在大众文化的层面体现在对宗教精神的强调，在学术层面则表现为列奥·斯特劳斯及其弟子对古典美德政治的阐释；在国际关系之维，保守主义强调美国在世界政治中的核心地位，要求依靠美国的超强实力贯彻其价值准则，因此对多边政治和联合国等组织抱有怀疑态度，倾向于单边主义，其言论主要体现在罗伯特·卡根等政治评论家的作品之中。[9] 而与保守主义的意识形态针锋相对，美国自由主义的意识形态则有着完全不同的主张。在经济和政治之维，它坚持认为"小政府、大社会"的理想已经无法适应时代的需要，应当通过政府的积极行动来维护和保证经济与生活中的基本公平；在文化之维，它坚持认为国家不应"偏向"任何一种伦理的价值准则，更不应全面倒向任何一种宗教准则，因为这是多元社会中的个体能够自我决定的先决条件；在外交之维，自由主义倾向于通过多边主义而非单边主义来贯彻外交政策，愿意相信并借助联合国等超国家组织来与世界各国进行协调。我们很难说，这两种意识形态哪种更能够代表美国，二者都深深地扎根于美国的社会生活之中。

自由主义与保守主义两种意识形态的对立，给美国的民主带来了严重的问题。它造成了激烈的冲突，带来了深刻的分化，引起了不容妥协的对立，以至于很多观察家悲观地认为，这是一种来自于灵魂深处的文化对立，是不可化解的。更有学者指出，这种在话语与意识形态层面上的冲突，深刻地反映了美国不同社会阶层、不同地理分布、不同利益集团乃至不同人种之间的利益博弈与权力斗争，只要利益的博弈与权力的斗争不终止，话语层面的对立也永远不会消失。

对此，德沃金有着非常不同的理解。他认为，以上提及的两种观点都不完全是描述性的见解，从某种程度上说，它们都是不同类型的"政治神

---

[9] 参见[美]罗布特·卡根：《天堂与实力》，魏红霞、肖蓉译，北京，新华出版社2004年版。

技"——都是出于某种政治意图建构出来的"事实"。而这些"政治神技"不仅不会增进民主,为它提供新的生命力,反而在抽干民主赖以生存的土壤。就那些将两种意识形态的冲突解读为不可化解的灵魂之争的人们而言,它有利于特定的利益集团攫取政治权力,获得政治优势,却无视民主国家所赖以生存并孜孜以求的政治共识;而就那些将两种意识形态冲突解读为单纯利益之争的人们而言,它虽然发人深省,具有政治解毒剂的功效,却不可避免地蒙上一层怀疑论的色彩,从而将人们本应用心呵护的民主内在精神一并怀疑和否决掉了。在德沃金看来,民主毕竟是扎根于共识,并取向于共识的政治制度,而不是制造分裂、激化对立并纵容政治共同体分解的政治制度。

民主扎根于共识。作为一个政治共同体,自其创立之始,其成员便分享了一些彼此联合所必备的先决条件。这些条件凝结在共同体的政治象征性文件——它的宪法中;沉淀在政治共同体所共享的,但往往心照不宣的政治文化传统之中。这些初始的先决条件,这些共识(common ground),是美国民主制度的根源,是美国民众缔结社会契约的根基,也是美国立国的根本。在德沃金看来,这些"共识"包括两个基本原则:一个是承认每个生命都具有内在价值,一个是每个人都需要为自己的生命承担责任。正是因为对这两个原则的肯定和坚持,才促使美国选择民主制度作为他们的政治制度。因为,只有民主制度才承认每个成员生命在内在价值上的平等,只有民主制度才将集体性决定与个体对自身生命所负有之责任直接挂钩。德沃金的这种思考并非孤立的"个案",实际上很多著名思想家都拥有与德沃金相类似的政治洞见。美国著名的政治哲学家汉娜·阿伦特在探讨美国公民不服从的传统时便指出,美国政治传承了洛克所阐释的"横向社会契约"理论,并将这种社会契约落实到了政治生活中。这种社会契约得以实现的先决条件,不外乎承认缔结契约、结成政治共同体的每个成员都是平等的;使社会契约获得生命力的要诀,不外乎是在平等基础之上的积极行动。[10] 而美国哲学家罗尔斯在经过"无知之幕"筛选之后所离析出的正义的基本原则[11],也与德沃金所提出的两大原则彼此符合,尽管德沃金对罗尔斯得出结论的方式颇有微词。[12] 德沃金认为,每当政治共同体对一些新的问题存在重大分歧的历史时刻,一个非常重要的办法便是回到初始的共识中去。回到"共识"那里去,通过对共识的追忆和阐释,通过对"共识"的分析和论辩来寻求达成新的共识的答案。

民主取向于共识。政治作为一种生产集体决定的过程,由于它是关乎众人之事,因此政治从来都不应是个别意见发挥支配力量的场所——尽管某些个别意见在拥护者的数量上占据绝对的优势。政治必然通过某种机制,将"意见"提升为"意志",将个别的意见提升为集体性的决定,从而获得普遍的约束力。而对于民主制度而言,达成共识的过程和方式具有决定性意义。在这一点上,德沃金努力将自己的立场与多数主义民主理论区别开。多数主义民主理论认为,投票是达成共识的核心方式,选举是凝聚意志的重要过程,而在投票与选举之中,少数服从多数是最佳准则,它最终决定了投票与选举的真实性,并进而决定了民主制度的"合法性"(legitimacy)。

对于这种见解,德沃金深表怀疑。首先,如果投票和选举是民主的核心内容,少数服从多数是民主的唯一准则,那么公民便仅仅是在"数字"上获得了他作为政治共同体成员的资格,他对于"数目的暴政"和抹杀性效果是无能为力的;其次,多数主义民主仅仅提供了纯形式的平等条件,即一人一票,每张选票具有同等的效力,这种形式平等却忽略了一个重大问题,即政治共同体结合起来的那些初始条件是不可逾越的,即使通过投票也不可否决这些初始条件——除非结束政治共同体的生命。美国历史上

---

[10]〔美〕汉娜·鄂兰:《共和危机》,蔡佩君译,台北,时报文化1996年版,第56—57页。

[11] 参见〔美〕罗尔斯:《正义论》,何怀宏等译,北京,中国社会科学出版社2001年版。

[12] 参见〔美〕罗纳德·德沃金:《身披法袍的正义》,第九章。

历次重大的政治危机,无不与突破这些初始条件所引发的危险有关——不论是南北战争及其背后的蓄奴问题,抑或20世纪六七十年代的民权运动及其背后的种族隔离与越战问题都是如此。再次,多数主义民主理念将具有道德高度的复杂问题作了技术性处理,从而降低了民主制度的品性。很多重大问题,尤其是一些关乎道德准则与伦理生活的问题,都具有异常的复杂性,需要在公共领域首先进行充分的讨论,让问题的性质和它所包含的诉求充分表露出来,让解决问题的理由显示出力量。当解决问题的道路尚未显露的时候,就用少数服从多数的规则处理它,就等于遮蔽了问题本身。更重要的是,当民主的关键被抵押到投票过程,却缺少对政治观点理性而深入探讨的时候,就会出现各种各样的游说、作秀、贿选以及花样翻新的欺骗性活动;金钱的力量乘虚而入,将民主变成"金元政治",这一点给美国民主的教训是极其深刻的。最后,多数主义民主理念很难做到将政治共同体的成员作为"伙伴"来看待。当政治共同体要求将其成员当作伙伴来对待,那么平等关怀与尊重就成为政治过程的基本诉求,而平等关怀与尊重首要的要求便是,每一个人的人生经历和他由此得来的意见和观点获得充分倾听,即使这个人的经历和意见在政治共同体内部属于少数;而在多数主义民主框架内,投票很难真切地反映少数群体的经历和感受,很难在政治决定中表达他们的利益和主张,很难符合平等关怀与尊重的政治要求。在这里,问题的关键并非结果,因为即使经过充分的讨论和倾听,即使考虑到了平等关怀与尊重,民主过程所获得的结果与多数主义原则的结果很可能是一致的。但二者的差别在于,在民主政治过程中,少数意见获得郑重倾听就已经使民主包含了审慎与反思的成分,从而使民主获得了更为坚实的合法性,为民主在将来开启了进一步改善的契机。基于这些复杂而深入的考虑,德沃金提出了"伙伴式民主"的理念,从而与多数主义民主针锋相对,他认为,伙伴式民主更加符合平等关怀与尊重的要求,更加符合人类尊严两大原则的要求,更加符合美国立国精神和宪法原则的要求。

三

德沃金所提出的"伙伴式民主"的理念，与美国在20世纪六七十年代所提出的"参与式民主"口号，与汉娜·阿伦特所主张的"委员会制度"（Council System）[13]，与阿克曼和费什金所宣扬的"审议日"[14]理念，以及晚近在欧美学界甚为流行的"协商民主"理论[15]颇有相通之处。这些理念都不约而同地注重民主的非制度层面，关心普通大众参与政治生活的可能性，考虑民主的质量而不只是民主的形式，试图将政治系统与生活世界重新贯通起来[16]。德沃金认为，伙伴式民主的核心要义，除了坚持人类尊严的两大原则，除了恪守平等关怀与尊重之外，重点还要培养一种理性、审慎地进行论辩的政治文化。

在小布什担任总统期间，德沃金沉痛地看到美国政治中轮番上演的"竞次游戏"：政客喜欢刺激民众的情绪，而非激发民众的理性；竞选往往利用民众的恐惧，勾起对想象对手的仇恨；政治宣传受到文化工业与"眼球经济"的影响，表现为质量底下的"政治广告"；竞选助理则告诫他们的竞选人永远不要用演绎推理来"说服"民众，而应用修辞术来"迷惑"民众。德沃金将美国民主出现的这种乱局称为"智力退化型"政治。

这种智力退化型政治所造成的恶果是显而易见的。首先，它降低了美国民主的质量，使民主充斥了好莱坞式的作秀，或者样板戏式的"绝对正确"，却遮蔽了问题所具有的复杂性和深刻性，使民主只能在修辞的水平上得以实现，而无法真正落到它本应具有的真意——即人民主权之上。

---

[13] 〔美〕汉娜·鄂兰：《共和危机》，蔡佩君译，台北，时报文化1996年版，第88页。
[14] 〔美〕布鲁斯·阿克曼、詹姆斯·S. 费希金：《审议日》，载谈火生编：《审议民主》，南京，江苏人民出版社2007年版。
[15] 参见〔美〕詹姆斯·博曼、威廉·雷吉编：《协商民主：论理性与政治》，陈家刚等译，北京，中央编译出版社2006年版。
[16] 〔德〕尤尔根·哈贝马斯：《在事实与规范之间——关于法律与民主法治国的商谈理论》，童世骏译，北京，生活·读书·新知三联书店2003年版，第26页。

其次，它污染了美国的政治文化，为金元政治大开方便之门。这种经济权力不仅将触角延伸到竞选之中，更利用其无所不在的能力释放到左右民众意见的大众传媒。这样，民主被经济权力所俘获，自由的政治文化为变质的大众传媒所掏空，社会上流行的是表现主义的时髦文化，而公民参与政治的热情和为社群承担责任的意识都相应锐减，总统成了"国王与电影明星"，而"自利型个人主义"也被"表现型个人主义"所吞没[17]。最后，最令德沃金忧虑的是，这种智力退化型政治造就了无法适应民主生活的人，他们只倾听与自己相应的政治观点，他们只在乎与自己的宗教信仰合拍的政治领袖，甚至他们只与那些和自己属于同一党派的同胞来往，他们不在乎什么政治论辩，他们只在乎各种蛛丝马迹表现出来的立场本身。

德沃金认为，对于一个使民主政治成为可能的政治共同体而言，光有自由的政治文化本身是不够的，论辩的政治文化同样至关重要。如果说，自由的政治文化为宽容提供了基础，为公民的"私人自主"提供了可能；那么，论辩的政治文化则为联合提供了基础，为公民的"公共自主"提供了可能。德沃金希望，通过论辩来加强理由的力量，通过论辩来增进公民的相互理解，通过论辩来使民主政治重新焕发出生命力。

那么，德沃金所看重的"论辩"究竟是什么呢？德沃金说："我所讲的'论辩'是指那种旧式的意义，其中在非常基本的政治原则中分享一些共识的人们，进行关于何种具体的政策能够更适于这些共享原则的讨论。"德沃金心中所追忆的，或许是林肯时代以前美国精英之间的讨论，或许是英国开明绅士之间的协商。总而言之，是拥有一定知识水准，一定道德素养的自利型个人主义者之间展开的论辩。当我们翻开美国制宪会议的记录时，我们就能够感受到德沃金心目中论辩所拥有的精神力量。

德沃金的意愿是好的，但其中的问题也显而易见。德沃金是否为自己国家的民众提出了过高的政治要求呢？要知道，林肯时代以前的美国

---

[17] 参见〔美〕弗里德曼：《选择的共和国》，高鸿钧译，北京，清华大学出版社2005年版。但在本书中，弗里德曼对美国从自利型个人主义向表现型个人主义抱有一种中立，甚至是赞赏的态度，这与德沃金是有所区别的。

已经变成了历史,而英国的开明绅士们也走进了博物馆——在那个时代,运作民主政治的人往往是社会的精英群体,他们受过良好的教育,充满道德自律,分享同样的政治原则。而在眼下这个大众社会,则是一个大众文化流行,平民作风普及的社会,多元文化之间的冲突与融合也比过去任何时代都更加频繁和剧烈——德沃金所主张的这种充满哲学味道的"论辩"又如何在大众社会中扎根呢? 德沃金的设想与阿克曼和费什金"审议日"的设想所存在的问题是同样的,如何指望普通的民众有兴趣去实践他们的设想呢? 针对这些问题,德沃金的确提出了一些具体的办法,比如改善公民教育,开设演练论辩的政治课程;比如改造大众传媒,为真正的政治论辩提供场所和空间等等,不一而足。德沃金甚至将本书也作为"论辩"的样板,号召反对者向他开炮,希望以此来激活一场真正的政治论辩。

虽然我们不知道德沃金投下的手套是否有人回应,但这种颇具传统精英民主风范的"挑战"还是令人感动的,尤其是在眼下流行文化的喧嚣充斥坊间的时代。或许,我们应当对德沃金进行论辩的呼吁作一种具有象征意义的解读。正如哈贝马斯所一再强调的,在"系统对生活世界的殖民"成为主要症结的现代社会,重新激发"团结"这一社会整合媒介所拥有的巨大力量就成为非常重要的主题;而使团结成为可能的办法,恐怕就在于让"协商",让"论辩"[18]重新活跃起来,让它们重新激活公共领域,让它们提升大众民主,让它们将真正有生命力的东西灌输进政治系统内部去——如此,或许不仅德沃金所主张的颇具精英风范的民主有可能实现,汉娜·阿伦特与哈贝马斯所注重的大众民主有可能实现,甚至阿克曼等新共和主义者所强调的积极自由与宪法政治,也会焕发出夺目的光彩。

---

[18] 不过,哈贝马斯所主张的"商谈"与德沃金所主张的"论辩"还是有所差别的,尽管二者都相信在"商谈"或"论辩"过程中都最终依靠理由的力量获胜。具体参见〔德〕尤尔根·哈贝马斯:《在事实与规范之间——关于法律与民主法治国的商谈理论》,第八章。

四

在我们对德沃金的民主理想进行简要回顾之后,有一个问题应当得到强调,也就是人权问题。人权问题一直是德沃金所有著作的核心命题,这本书显然也不例外,在德沃金看来,认真对待权利本身也是民主的题中之义,从来不会有任何一个实行民主的国家会不重视人权,因此判别一个国家是否实行真正的民主而非仅仅号称民主的首要标准,就在于这个国家对于人权的态度——而这也是德沃金向自己的祖国提出批判的一个重要依据。

当德沃金看到"9.11"之后《爱国者法案》的仓促通过,看到美国军队海外虐囚事件屡屡见诸报端,看到小布什政府借助反恐名义发动的"新十字军东征",看到"右倾"的美国最高法院对民权运动时期一系列经典民权判例有步骤的颠覆[19],这些都促使德沃金在过去的基础上进一步思考人权问题,并试图寻找人权真正的普遍性根基。

德沃金首先在一系列概念之间做出了区别,它们分别是法律权利、政治权利与道德权利。所谓法律权利是一个政治共同体所有生效的法律以及签署的条约规定公民所享有的权利,它是实证法意义上的权利;而政治权利则是政治共同体的成员依据他们的共识而达成的一些基本权利,在美国,这些政治权利铭刻在宪法中,成为共同体成员对抗政府权力,保障个体权利的"王牌",它是对美国立国精神的一种表达,是从平等关怀与尊重中得出的。道德权利则又与政治权利不同,道德权利是从人作为一个

---

[19] 美国民权运动时期沃伦法院通过了一系列重要的判例,实际上为民权运动起到了推波助澜的作用,具体参见〔美〕霍维茨:《沃伦法院对正义的追求》,信春鹰、张志铭译,北京,中国政法大学出版社 2003 年版,以及〔美〕小卢卡斯·A. 鲍威:《沃伦法院与美国政治》,欧树军译,北京,中国政法大学出版社 2005 年版。这些重要判例后来在美国最高法院一再地受到挑战,具体参阅〔美〕戴维·M. 奥布莱恩:《暴风眼:美国政治中的最高法院》,胡晓进译,上海,世纪集团·上海人民出版社 2010 年版,第六章;〔美〕伯纳德·施瓦茨:《美国最高法院史》,毕洪海等译,北京,中国政法大学出版社 2005 年版,第十三、十五章。

道德主体本身所得出的权利,因为它无需借助于其他外在的理由,故而往往被称为"人之为人所享有的权利",它所传达的道德准则是康德所主张的:人是目的,而不是手段。相对于政治权利而言,道德权利可以说是一种前政治权利——而这也是自由主义关于人权主张的核心部分。从三者的区分中,我们可以看到,人权首先是一种道德权利,它要求世界各国的政府以"特定态度"对待个人,它是一种普适性的,甚至具有批判性的权利主张;而在特定的政治共同体内部,人权则以政治权利的面目出现,构成了政治权利中那些"特殊而极其重要的"部分——而这些政治权利通过宪法和法律转译成为法律权利。

基于这种区分,德沃金认为,单纯从法律权利的维度来探讨人权问题是有局限的,它遮蔽了人们对于人权所具有的道德主张,掩盖了特定的实证法本身可能存在的对于政治权利和人权的违逆,阻止了民众对法律和政府行为的政治评判和道德评判,这在围绕《爱国者法案》的争论中表现得尤为明显——显然,美国民众应当突破实证法维度的讨论,拿出政治权利的"王牌"来重新审视《爱国者法案》所作出的仓促规定。但同样,仅仅停留在政治权利的维度探讨人权问题也是不够的,因为政治权利是在特定共同体内部方才有效的权利主张,一旦超越政治共同体,在国际社会纷繁复杂的局面中该如何标示人权的尺度就成了棘手的问题。在关于美国军队海外虐囚的讨论中,在关于美国与欧洲之间、西方世界与世界其他地域之间就人权问题所产生的争论中,德沃金意识到:单纯主张美国自身的标准,用美国政治共同体内部的尺度来衡量天下显然是不合适的,但由此落入相对主义也是一种迷途。

故而,德沃金试图从客观与主观两个方面来做出界定。从客观来讲,那些严重违反人类尊严两大原则的行为构成了侵犯人权底线的行为,故而虐囚是侵犯人权底线的行为,而死刑则因"没有否认人类生命平等的内在重要性"而很难说是侵犯底线的行为。从主观来讲,德沃金认为:"最基本的人权是政府待之以特定态度的权利。"故而,在国际社会,考量行为是否出于恶意,是否构成恶意侵犯人权就变得非常重要,这决定了我们在文化背景不同的政治共同体之间如何对人权的标准进行评判,决定了为什么"人权是超过其他合法政府目标的有力王牌"——但无论如何,德沃金认为,美国军队在海外虐囚的事件在道德上是错误的,它构成了对人权的严重践踏。

我们必须承认,德沃金的理论构成了关于人权普遍性与特殊性问题的独特论述,其中的很多要点都值得我们予以反思。而我们更应当看到的是,德沃金关于人权普遍性的论述仍然存在一些模糊和令人怀疑之处[20]。

第一,德沃金如何去论证它关于人类尊严的两大原则是具有普适性的呢?当德沃金面对发生在美国的一系列重大政治争议的时候,他号召美国的民众去回到他们的"共识"去,而这些"共识"却是美国人在结成共同体时共同承认的准则——也就是说,这些准则至多是伦理性的,属于这个共同体的,而不是道德性的,属于全人类的。这样,德沃金在论证人权普遍性的时候,就无意间用论证伦理共识的路径去代替了论证道德普遍性的路径,或者如哈贝马斯所说,将二者完全混同起来了——这导致德沃金在本书中关于人权的论辩始终存在瑕疵。

其次,德沃金延续了自由主义理论所一直坚持的前政治权利的主张,认为人权至少从根源上讲是一种属于个人的,而非为国家所统摄的权利。虽然他并不赞成古典自然法学派关于"自然权利"的论述,也不赞成罗尔斯关于原初状态的理论设定,但德沃金承认,有一些基本的政治权利来自于作为前政治权利的人权本身,它们决不能被国家所"收编",而且是设在国家民主政治运行中的"暗杠"[21]。德沃金的这一主张对于美国的民主而言具有极大的意义,正因为民主设有底线,才使得美国的民主不会坠入二战前德国等法西斯国家所陷入的悖论——以民主的方式诞生独裁。但是,应当追问的是,要将人权作为民主的"暗杠",是否必然要承认一些基

---

[20] 对德沃金整个政治伦理学基础的分析和批评,参阅〔德〕尤尔根·哈贝马斯:《在事实与规范之间——关于法律与民主法治国的商谈理论》,第77—78页。

[21] 高鸿钧:《权利源自主体间商谈》,载《清华法学》,2008年第2期。

本人权是前政治权利,以及我们如何去论证这些人权是一种前政治的权利?这是一个极大的理论难题:而德沃金是通过诉诸政治共同体的共识来加以解决的——但这一解决方式的悖论也在于,当政治共同体以政治方式来定订其成员的前政治权利并以法律表达的时刻,这些前政治权利就不再是前政治权利,而是一种法权,因此人权从来都是以法权的面貌出现的。

德国思想家哈贝马斯则从另外一个视角解决的这个棘手的难题,值得我们进行对照性的思考和阅读。哈贝马斯认为,人权实际上来自于人们通过语言进行交往所必须预先接受的那些条件,只要人们决定通过语言来进行交往,相互协作,并希望和平地生活在一起,这些条件就是应当接受的,因此这些条件本身内嵌于人类的和平交往和沟通之中,也是具有普适性的[22],只要人类愿意以这些条件来对待彼此,就做到了"相互承认"。但从政治共同体的维度来看就是另外一回事,这是决定结成整体而共同生活的人们之间就他们如何生活而达成共识的问题,他们达成的共识会凝聚在政治共同体的宪法之中,他们只有尊重宪法,并依据宪法而组织政治共同体,才成为"伙伴"和"成员",因此这是关于"相互认同"的问题。相互承认的人们之间未必需要结成共同体,达到相互认同的程度,但相互认同的共同体必须首先做到相互承认——相互承认是道德性的,相互认同是伦理性的。[23] 结合哈贝马斯的这种划分,我们再回头审视德沃金关于人权的这些论述,相信有助于我们对他进行公正的评价。

五

最后,让我们来谈谈德沃金的这本著作对于中国的意义。我们应当

---

[22] 〔德〕尤尔根·哈贝马斯:《在事实与规范之间——关于法律与民主法治国的商谈理论》,第四章。

[23] 鲁楠:《现代法律的道德向度与伦理向度》,载高鸿钧等:《商谈法哲学与民主法治国——在〈事实与规范之间〉阅读》,北京,清华大学出版社2007年版,第424—429页。

看到,随着巴拉克·奥巴马取代小布什担任美国总统,美国的政治局势发生了一系列重大改变,德沃金在本书中的很多论述在美国眼下的政治实践中都获得了验证,包括最近奥巴马所积极推动的改善社会福利以及整顿华尔街的一系列改革,相信这是德沃金所愿意看到的有益转变。这说明,德沃金的这本著作已经突破了论题为它限定的"时间效力"。那么,德沃金的这本关于美国民主的著作,能否如作者预期的那样,具有突破"空间效力"的潜力呢?我认为,这很值得期待。

每当一个文本出炉,它便具有了脱离作者本人,而获得独立生命的魔力。它会象一颗发芽的种子,在人们不断的解读和阐释中生长,在文本不断的"延异"中脱离具体的语境。我们应当看到,德沃金在本书中至少有以下论述是值得我们结合本国的情况予以反思的。

第一,民主的精神不仅是选举和投票,不仅是一种政治形式,它最具生命力的精神内核是参与,是公共自主。这种参与有的时候通过议会厅堂内部的论辩体现出来,有的时候通过沙龙、读书会、网上发表建议等公共领域的非制度化形式体现出来。通过这些多样的形式,政策得以被反思,决定得以被审视,意见得以被倾听,政治合法性也获得了最为牢固的基础。最重要的是,能够激发公民参与热情的民主能够使政府获得前所未有的力量,去挑战权贵集团,去制约经济权力;能够让理由的力量胜出,让理性的光辉闪耀的民主能够使政治共同体获得前所未有的生命力,去创造适合本国具体情况的新体制,去发现解决本国问题的新思路。但一切举措的根源无不在于发扬真正的民主。

第二,实行民主理应与对人权的保障结合起来。一个真正实行民主制度的国家,首先要赋予民众进行自主和自治的资格和能力,也就是德沃金所一再强调的,承认每个生命具有内在价值,承认每个生命对自己的生命承担责任。只有一个做到了平等关怀与尊重的国度,民主才不会被扭曲;只有一个明确将人权作为政府行为的尺度和底线,将人权作为国家生活"暗杠"的国度,才会使民主不至于偏离健康发展的轨道,从而走向自己的反面。

第三,每当国家政治生活中出现重大分歧的时刻,一个非常重要的解决之道,并不是粗率地将不同观点的人群对立起来,将他们列入左中右的阵营,将政治变成一种贴标签的游戏和炫耀立场的活动,而是追溯政治共同体所共享的那些基本共识,回到我们当初所共同承认的"共识"那里去。如果说,美国建国时刻人们普遍承认的共识是人类尊严的两大原则和平等关怀与尊重,那么,我们在建国的那一时刻,在我们的宪法和共和国的史书中所宣称的,就不仅仅是人的尊严与平等,更是对一个公平、公正而美好社会的期许——当我们看到这种伟大的期许,我们是不是也会思考,眼下的许多问题应从这里开始讨论呢?

译者

2010 年 5 月于寓所

前　　言

在美国处于特殊政治危机的一段时期，我完成了本书，而其中的举例和称引都来自那段时期。我对21世纪初期美国的政治论辩——其实是这种论辩的缺失——进行了探讨。然而，本书的议题比书中提及的实例和分析更为持久，更不限于个别国家的政治文化。每个经济发达而文化多元的政治社会——包括新兴民主国家与极度渴望民主的国家——必须寻找出路以在一系列竞争性信念中做出选择，这些信念涉及人权的性质与力量、政治中的宗教角色，共同体经济财富的分配以及政治决策的性质与形式。本书的议题超越国界，而且不局限于特定时期。

我们需要寻找出路，应该从我们共同尊重的，关于个人与政治道德性的深层次原则中讨论这些议题，而非单纯地在这些议题上互相争斗，仿佛政治是贴身肉搏。我希望能够找到这些原则并加以描述，使论辩成为可能，即使在我们现在认为水火不容的政治分歧中也是如此。依据这些原则，我通过发展美国政治中的一种新型自由主义传统来阐释它们。我认为，这种传统在最近一段时期已经被它的对手，在某种程度上也被它的捍卫者所歪曲。当然，我希望说服尽可能多的读者接受这种自由主义形式的诉求，但是，更重要的目标是尽可能多地说服其他有必要作出回应的人——如果他们希望保护我们的优良民主传统,而这种传统的内容是一种在自治(self-government)中拥护彼此的伙伴关系的话,他们便能够而且应该作出回应。

我已经在其他地方以更为学术化和哲学化的风格撰写过本书探讨的一些议题,尤其是在我的著作《至上的美德:平等的理论与实践》中有关经济正义的讨论。在这里,我试图让自己关于这些议题的观点——例如关于分配正义的保险之道——对一般读者来说更容易接受,并更适合在一般性的政治论辩中发挥作用。很多非常重要的当代政治问题在本书中没有提及,因为对我而言,这些问题似乎并未包含我所关注的人类尊严的特定原则。美国人在关于如全球变暖问题,以及我们所面对的,那些可能已获证明是最紧急和最重要的其他问题上存在分歧。但在那种辩论中,这些核心议题是工具性问题,而非关乎正义或公平的问题,因为我们所面对的危险人人有份。而我则更关注这样的议题:人们表面的个人利益与个人承诺看起来相互对抗,而由此引发的问题是,他们是否分享或分担更深层次的利益和责任,而这能够形成一场论辩,而不只是点燃战争。

2006 年 3 月

第一章 共识

一、寻求论辩

美国政治正处于令人震惊的状态。我们几乎在每件事情上都存在激烈的分歧。我们在恐怖与安全、社会正义、政治中的宗教，谁适合担任法官，以及民主是什么这些问题上互不一致。这些不是彬彬有礼的分歧：每一方都没有尊重他人。我们不再是自治中的伙伴；我们的政治简直是某种形式的战争。

2004年的总统大选是令人厌恶的分裂。共和党人说民主党候选人的胜利会威胁国家的生存，甚至是国家的拯救。副总统切尼（Cheney）说，约翰·克里（John Kerry）的胜利将是本·拉登（Osama bin laden）和美国其他死敌的凯旋。一些罗马天主教主教宣布，投票给克里将构成罪孽，任何天主教徒日后将为此忏悔。自由主义者则宣布代价同样高昂，但危机完全在其他的方面。他们说，布什是我们历史上最糟糕和最不称职的总统，其鲁莽的战时劫贫济富（soak-the-poor）的减税和可怕的预算赤字给经济带来了数十年的损害，对伊拉克的侵略是一场无道、残忍和拙劣的视线转移,这不仅没有使我们因免遭恐怖主义而变得更加安全,反而无法估量地加深了我们的危机。他们宣称,自己不仅对选举结果感到失望,而且为此感到恶心。

  投票结果非常接近——它由一个州内相对少数的选票决定——而且选票在地理上聚集在一起:共和党人赢得了有着更多农村的中西部、南部和西南部的选票,而民主党人赢得了城市中心区、沿海城市以及工业化的北部一线各州的选票。电视网络在大选之夜,在它们的电子地图上将共和党的州标记为红色,民主党则被标记为蓝色,而这些地图将美国分为巨大的、彼此邻接的两大颜色区域。时事评论家说,这些颜色表明了作为一个整体的国家出现了一场深刻的、分裂性的失和:一场在互不相容而又无所不包的文化之间出现的分化。红色文化主张在公共生活中有更多的宗教成分,而蓝色文化主张更少。蓝色文化呼求对美国财富进行更为平等的分配;它支持针对富人或准富人采取高税收政策。红色文化则主张,高赋税是奖懒罚勤,会摧毁经济,它要求保持低赋税。蓝色文化坚持更少的商业自由和更多的性自由,红色文化的要求则正好相反。蓝色文化宣称全球变暖是严重的威胁,并呼吁将荒野作为一项日后不可恢复的财富予以保护;红色文化则认为连累经济繁荣去保护树木是非理性的。红色文化坚持认为不论以何种方式限制政府权力以对抗恐怖主义敌人都是疯狂的,它对国际组织充满疑虑,对那些主张保护恐怖分子嫌疑人的人权的批评者们很不耐烦。蓝色文化同意恐怖主义者给国家带来了不可估量的危险,但强化国际法并支持国际组织是更为紧迫的任务,蓝色文化希望应对不断增加的安全风险,而不是削弱法律和传统,这些法律和传统旨在保护那些被指控犯罪和受到可怕惩罚威胁的人们。

  一些评论家主张,我们正陷入更深刻、更内在的分化,这种分化甚至比这些政治分歧所表现的更为严重。他们说,这种鲜明的分裂景况来自于一种更深的,表达更模糊的对立,这种对立出现在两种相互藐视的,关于人性和自我形象的世界观之间。他们说,认同蓝色文化的美国人渴望有教养的生活,他们培养出对进口葡萄酒和高深报纸的品味,而他们的宗教信仰,如果有的话,则是有哲学味儿的,稀薄的和泛基督教的。而认同红色文化的美国人则保持着一种直率的诚实;他们喝啤酒,通过电视看赛车,而且更喜欢他们的宗教信仰是简单的、福音主义的和激进的。基于这种说法,布什赢得了2004年的大选,尽管他在第一段任期的表现乏善可陈,但当时红色文化在人数上略微超过蓝色文化,而且布什不仅试图迎合那种红色文化的政治偏好,而且迎合它的道德和美学。

如果否认现在美国人之间的政治分化是异常深刻和汹涌的,这将十分愚蠢,而如果否认这些分化是沿着可描述为在红色和蓝色的政治世界之间划分的断层线运行的,也属不智。但如果认为,这两个囊括一切的文化(two-all-embracing-cultures)叙事正在开始成为"古训",至少是一种夸大其辞。2004年大选结果的地理区分,表明地区差异发挥了重要作用。但这种双文化叙事声称反映了更多的东西:关于性格或世界观的深层次描述贯穿于这两部分政治立场和观点中,其中一些深层次描述使每一部分形成了自成一体的,关于信念、品味和观点的文化。我们很难了解这种统一的叙事的可能性质。似乎没有什么正常的理由能够说明,例如为什么那些在社区公共生活中更支持基督教派宗教仪式的人,也应该支持对巨富征收低赋税,或者为什么他们就应该对侵犯恐怖主义者嫌犯人权的行为更不敏感,或者为什么他们应该更可能抵制减少环境污染的规定。我非常怀疑,大多数投票支持克里的人会更偏好夏敦埃酒(Chardonnay)而不是舒立滋酒(Schlitz)。也许,这种双文化主题与其说是对我们政治的解释,不如说它本身便是我们政治的创造。近期选举的一种主导力量已经变成福音派宗教与强大的商业利益的联盟,而这种联盟似乎并不是潜在的、深刻的文化认同的结果,而是一种政治神技的效应:说服那些憎恨同性婚姻的人们,让他们也应因此憎恨累进所得税。[1]

然而,正如评论家所想的那样,不论这种双文化主题描述了一种在两

---

[1] 参见我的文章"The Election and America's Future," *The New York Review of Books*, November 4, 2004.

种竞争国家主导权的时代精神之间真实而深刻的分歧，还是这只是一种取得惊人成功的政治发明，这个主题现在已经有了自己的政治生命。它已被保守主义者和自由主义者同时利用以达到论战的效果。下面是由众议院有权有势的前任议长纽特·金瑞奇（Newt Gingrich）就该议题所进行的描述。

> 最近几十年来，美国已经分裂成两大阵营。第一个阵营是那些精英，他们发现将上帝逐出公共生活是可以接受的，他们普遍蔑视美国的历史，支持经济监管胜于自由和竞争，支持一种由美国领导的"世故"（sophisticated）的外交政策，而且赞同《纽约时报》。但来自另一阵营，以我们的历史为傲的美国人知道，上帝对于理解美国例外论来说是何等不可或缺，创造和竞争精神对成就美国是何等关键，他们相信美国值得捍卫，即使它激怒那些并不认同我们价值观的外国人。[2]

很遗憾，关于美国人现在如何分裂的这种荒唐论述，在所谓的针对半个国家的仇恨中并不特殊。很多自由派人士也犯有类似的荒唐毛病：他们将大多数布什的选民描绘为愚蠢或妄想，像不可救药地容易受骗的劳工一样，受到手段高明而又贪婪成性的财阀操纵。然而，这种全面而又不可逾越的文化鸿沟的假设，其最严重的后果并非施加于对手的陈词滥调或轻蔑，而是在美国政治生活中任何体面论辩的缺失。

我所讲的"论辩"是指那种旧式的意义，在这一过程中，在非常基本的政治原则中分享共识的人们，进行关于何种具体政策能够更适于这些共享原则的讨论。这里没有在上次总统大选的冠冕堂皇的选举宣传时——在提名大会的演讲术中，或无休止的电视广告中出现的那种论辩。三次总统辩论被一些记者誉为具有非比寻常的启发意义，但事实并非如此。像往常一样，这些辩论的规则窒息了围绕任何议题的持久辩论；而报道这

---

[2] Newt Gingrich, *Winning the Future* (Regnery, 2005), xiv.

些辩论的记者们撰写和谈论的东西几乎完全与论辩的内容无关,只是与候选人的举止和身体语言有关。

在美国,可能自林肯与道格拉斯之间的辩论以来,正式的选举宣传已经很久没什么可夸耀的了。但是,当我们不考虑这种正式活动,而是展望公共知识分子和其他评论家们的贡献,情况也没有变得更好。每一方知识分子都展现自己的信念,时而言之凿凿,时而雄辩滔滔,并且努力涂抹另外一方观点中所谓极端的非人性和危险性。然而,没有一方做出确切的努力,去寻找共识,以使互相尊重的人们之间出现真正的辩论,进而消除分歧。

我举一个典型例子表明当前政治难以展开论辩。同性婚姻在候选人和媒体之间被反复讨论,根据民调,它也曾是公众相当重视的议题。没有候选人会对此置喙一词,双方都赞同真正的婚姻是在男女之间,他们只是就通过宪法修正案禁止同性婚姻是否妥当这样的议题存在分歧,双方候选人都相信,同性婚姻或许绝无可能。但它仍然成了一个政治议题,大多数认为同性婚姻令人厌恶的人们显然投票支持了布什。但尽管这个议题引起广泛关注,似乎没有一个候选人哪怕注意到——更不用说回应,由马萨诸塞州最高法院院长玛格丽特·马歇尔(Margaret Marshall)作出过的审慎判例,该判例表明她所在州的宪法所认可的广泛接受的原则要求她作出裁决,主张理应允许同性婚姻,不论多数人可能多么抵制。她的判决仅被简单地当作一个可能为一方所大书特书,而使另一方陷入窘境的事件来加以报道,却没有人明显关心她关于已确立的原则支持那样裁决的主张是否是正确的。在所有的喧嚣和谴责之后,可能只有极少数美国人知道这场法律论辩的内容是什么。

如果这种双文化的论点是正确的,那么美国政治中论辩的缺失便是可以理解,也不可避免的了。两种文化的分裂将成为不可逾越的鸿沟,将两类美国人之间广泛而全面冲突的世界观彻底分开。如果两种文化之间的区分真的不仅深刻而且难以愈合的话,我们将找不到共识,也不会有真正的论辩。政治将只能是它已变成的那种战争状态。我们有很多政治学家认为,这便是实际情况,他们也许是对的。但这种情况将是令人震惊和悲痛的。如果能达成广泛共识以指导行动,民主可能即便没有严肃的政治论辩也能保持健康。如果能有一种论辩的文化,即使没有共识,民主也可能稳步发展。但是,如果有深刻而痛苦的分裂,却没有真正的论辩,民主将不可能保持健康,它将只能沦为数目的暴政(tyranny of numbers)。

这种令人沮丧的诊断是正确的吗?在两个敌对的政治军队的战壕之间真的没有共识吗?真正的论辩是不可能的吗?

二、我的议程

在本书中我探讨了两种计划,现在我将二者区别开,因为我希望很多读者会就第一个计划表示赞同,即使当我开始陈述第二个计划时,他们大多会表示反对。首先,我将讨论尽管存在我刚刚描述过的流行观点,我们确实能够找到具有充分实质内容的共享原则,去使一个国家的政治辩论变得可能而有助益。这些原则非常抽象,实际上很哲学化,但关乎人类生命的价值和核心责任。我并不认为每个美国人会立即接受这些原则,但是我想,如果有足够多的美国人对这些原则给予充分关注,并试图去理解的话,这些原则将获得接纳,尽管这些美国人来自看似不可逾越的鸿沟两侧。我将进而展示这些共享原则,在那些使我们对立的重大议题上所拥有的力量和包容力:关于人权问题,宗教在公共生活中的地位问题,社会正义问题,以及民主的品性和价值问题。由于我在本书中主要关注美国的政治生活,在多数情况下,我把这些原则当作美国人的共同财产来谈。但是当然,他们也为世界上很多其他地区的民众所共享,尤其是在那些美国人民引以为其国家政治盟友的成熟民主国家。

假如我能够在我的第二个实质性计划中给出我的那些结论,而该计划能将所谓的红色与蓝色文化之间的差异分开,并给每一方的信念都提供了一些有利的结论,这本应很好,或至少在引起争论方面有点用处。但情况并非如此,我所坚信的那种遵循我们共享原则的政治观点将给读者

第一章 共识

带来冲击,因为实际上,我的观点有着些许极浓的蓝色。我并不是指他们全都是传统的自由派观点,实际上其中的一些观点看起来全然陌生。自由主义者们尚未成功创造一种关于其基本原则的当代叙事,而且,他们也因此在最近的一系列大选中处于不必要的守势。本书的目的部分在于提出一种自由主义形式,它并不非一味消极,而是一种牢固立基于我当作美国人之间共识的积极计划。在我看来,我提出的自由主义正是当下自由主义所意味的和所需要的。

毫无疑问,我的信念全都具有同样的政治色彩,但这并不会使我的那些源自共享原则的建议遭致怀疑。相反,它将展示这些共享原则是多么深邃。它们具有足够的基础性,以至于自由主义者或保守主义者对它们的解释,将使不同政治观点的整个光谱交错在一起。我希望那些反对我的读者——这些很可能是大多数——会因此将我所说的话当作一次挑战。如果你接受我表明的前提,而你又反对我所提出的较为具体的政治信念,你必须说服自己去解释这些前提,进而证明我是错误的。如果你能够做到这一点,我们就有了支持真正政治论辩的基础。我们可以围绕以下问题展开争论:是你对这些共享前提的解释,还是我的解释更有连贯性?如果我们的解释都有连贯性,那谁的解释更加成功?

当然,我必须表明,我们确实能够就这些基本议题展开论辩。我必须表明,在这些关于人类价值的深邃原则中有足够的实质内容。我将这些原则描述为维持论辩的共识,而这些论辩的内容源自那些原则,它们关系到社会、外交或政策。我并不认为有很多美国人——或任何地方的人——能够加入那种关于这些深邃价值的哲学论辩。分裂双方的多数人现在似乎已相信,尝试与另一方展开论辩,或哪怕是理解对方都不可能。例如,福音派基督徒很少尝试去与那些他们认为是世俗人文主义者的人进行论辩,因为这些人陷入了不可救药的错误。我的意图较为温和,但仍算有雄心。我希望说服足够多的人,让他们相信这个流行的观点是错误的,对于开始一段政治论辩,并使其维持下去而言,这个观点毫无助益。而让他们相信在更哲学化的层面,研究我们最激烈的政治争论却是有好处的。我不会具体描述自己对共享基本原则提出的解释所可能支持的那些法律和制度安排,但是,我会概述其中的某些内容作为例证。例如,在本书中我会指出:我们关于监禁的法律和军事程序应当对本国公民和外国人一视同仁;在国家大选之前的数月,政治广告(political commercials)应在电视中禁止;而极度弱势的人,像少数群体和陷于不利处境的族裔应当受到关怀,理应受到宪法特别保护。我不会过多揣测实现这些想法和其他建议的可能性,有些建议现在看起来并不受欢迎,有的甚至要求修改宪法,这简直就是政治乌托邦,这几乎不可能让多数美国人接受,至少在相当久的时间内是如此。我是一个法律人,而最后一章中也会特别陈述一些关于宪法的内容,但是我主要的兴趣在于政治原则而非法律。乌托邦自有其用处,它能够将精力集中于事物可能性所能达到的范围。无论如何,在国家的生命中或在我自己的生命中,已经没有时间踯躅不前了。

三、人类尊严的两个维度

无疑,几乎所有美国人都会赞同某些比较具体的政治原则。例如,我们都同意,仅仅因为批评政府而监禁报纸编辑是错误的。但是在具体层面的原则中,找不到我们所需要的,维持一场真正大规模论辩的共识,而这种论辩涉及使我们对立那些事情。我们必须进一步回溯,必须忽略那些明显具有政治性或道德性的原则,聚焦于那些界定人类境况的、更为抽象的原则。我相信,尽管有着巨大而明显的差异,我们所有人都分享着两个非常基本的原则。二者中的任何一个或许都比它初看上去要复杂得多,而我将会在整本书中详细阐释每个原则,为了我们的政治政策而探讨它们的内涵。但首先我理应以最抽象的形式来描述它们。

第一个原则我称为内在价值原则,它主张每个生命都有特殊的客观价值。它作为一种潜力具有价值。一旦生命开始,如何度过便事关重大。生命获得成功,潜能获得实现就是好的;而生命失败,潜能被浪费便是坏的。这是客观存在,而不仅仅是主观价值。我的意思是,一个人的生命是成功还是失败,不仅对拥有生命的个人来讲是重要的,也不仅仅因为个人的意愿而显得重要。[3] 任何生命的成败本身都是重要的,是我们永远有理由去渴望或追求的。我们将很多其他价值看做具有同样的客观性。例如,我们都应对不正义感到遗憾,不论它发生在何处,因为它本身便是坏的。因此,根据第一原则,我们应当鉴于其本身的坏处而对一场荒废的生命感到遗憾,不论所考虑的生命属于我们自己的还是其他人。

第二个原则——个人责任原则——主张每个人都对自我生命的成功负有特殊责任,这种责任包括运用其判断力,对关于生命的成功标准进行判断。他决不能接受,任何其他人有权将那些个人价值规定给他,或在未经其认可的情况下强加于他。他可以委托给特定宗教传统中规定的判断,或委托给宗教领袖及其经义,或实际上的世俗道德和伦理导师们的判断。但是,这种顺从必须是他自己的决定;这必须反映他自己的,关于如何解脱其对自我生命之独立责任的深层次判断。

这两个原则——主张每个生命都拥有内在的潜在价值,以及每个人都对实现自我生命的价值负有责任——共同构成了人类尊严的基础和条件。因而我将他们视为尊严的原则或方面。在这种正式意义上,这些原则是个人主义的:他们将价值附着于,将责任施加于每个人身上。但在其他意义上,这些原则又未必是个人主义的。它们并非像抽象原则那样,建立在这样的的假设基础上,假设人们在独立于他所从属的社群或传统的情况下,能够实现或者发展出成功的个人生活;假设人们只有在拒绝他的社群或传统价值的情况下,才能承担责任以认同个人价值。如果这两个原则在以上假设的两点与众不同,却更具有根本性的意义上是个人主义的,它们将不足以成为所有美国人的共识。

尊严的这些方面将打动你,因为它们反映了西方政治理论中至关重要的两大政治价值。第一个原则似乎抽象援引了平等理想,而第二个原则是对自由的援引。现在我提及这一点是因为人们经常说,尤其是政治

---

[3] 在本书中,除非文意另有所指,我都用男性代词代表中性含义。

哲学家们说，平等与自由是相互竞争的价值，二者并不总能够同时协调，因此一个政治共同体必须决定选择一个而牺牲另一个，以及在何时这样做。如果确实如此，那么我们的两个原则也将彼此冲突。我不接受这种平等与自由之间假定的冲突。相反我认为，政治共同体必须找到对这些美德的某种理解，以表明它们彼此兼容，实际上每一个原则都是另一个的一个方面。[4] 这也是我解释人类尊严两个原则的意图所在。

正如我所说，针对这些原则我有两个主张。首先，我主张这些原则足够深邃而普遍，以至于他们能够为来自于两种看似分裂的政治文化的美国人提供共识。在本章的其余部分，我将通过更细致地描述这些原则来努力捍卫这一主张。其次，尽管这些原则具有深度和普遍性，它们又有充足的实质内容，使我们能够围绕对它们的解释，以及它们对政治制度和政策所产生的后果进行合理区分和辩论。第二个主张将在本书的其余章节展开。

四、人类生命的内在价值

作为人类尊严的第一个原则，它坚持主张一个人如何生活具有内在和客观的重要性，这可能看起来过于虔诚而高贵，以至于不具有我所声称的普遍性。然而，我会通过以下两点来说服你，使你相信多数人会经过思考而接受它：第一点，多数人认为，自己的生活如何度过具有内在而客观的重要性；第二点，多数人没有理由认为，任何其他人的生命如何度过在客观上不那么重要。让我们从你自己开始。难道你不认为善待自己的生命，并为其创造些什么是重要的吗？当你认为自己正在把生活搞得更好

---

[4] 在我的著作 *Sovereign Virtue*（Harvard University Press，2000）和 *Justice in Robes*（Harvard University Press，2006），第四章中，我阐释了自由与平等之间关系的这种理念。目前这两本书都已经有中文译本，参见〔美〕罗纳德·德沃金：《至上的美德：平等的理论与实践》，冯克利译，南京：凤凰出版传媒集团·江苏人民出版社2007年版；〔美〕罗纳德·德沃金：《身披法袍的正义》，周林刚、翟志勇译，北京大学出版社2009年版。

时,这难道不是一件令你满意,甚至是令你骄傲的事情吗?而当你把生活搞得很糟时,这难道不是一件令你懊悔,甚至令你羞愧的事情吗?你可能会说,实际上你在美好生活的问题上没有自命不凡的目标,你只想要长久的体面生活,并享受生活的乐趣。但是你必须决定这种要求是什么意思。你的意思可能是,首先,你最想要的是拥有一份长久而充满快乐的生活。在这种情况下,你的确认为重要的是活得更好,尽管你对什么是活得更好有着一种独特的享乐主义概念。其次,或者你的意思是,实际上你总体上并不关心自己生活良善与否,而只是想要当下的和未来的快乐而已。

实际上,几乎没有人会持有后一种观点。那些说他们只想快乐生活的人们,实际上并非只想尽可能多地获得当下或将来某一刻的快乐。他们希望的是,其生活在整体上成就完整的幸福。他们为错过或放弃的快乐而遗憾;他们为过去本应有更多的性生活或作更多的旅行,或享受更多其他乐趣而抱怨。如果我们说,这样的人只是想要过去快乐的记忆所带来的当下快乐,就并不能够解释这种遗憾。他们现在能够发现这种愉快的记忆,只是因为这些记忆证实他们过去过得很幸福。当然,没有多少人会对好生活的标准抱有这种强烈的享乐主义见解。多数人认为,享乐是美好生活的核心,但不是它的全部,对好的生活来说,人际关系和人生成就也是重要的。但即使那些认为快乐是唯一有价值之事的人们,实际上自己也会接受尊严的第一个原则。他们认为,他们迈向整体上成功的生活是重要的,这也是为什么他们关心过去的快乐和未来的快乐的原因。

所以我们绝大多数人,不论来自所谓分裂的政治文化哪一方,都会接受这样一点:不仅每时每刻都自得其乐是重要的,我们的生活在总体上通向通往美好之路也是重要的。尽管在某种意义上有人认为美好生活的标准具有主观性,例如每当有人认为他正在过一种美好生活的时候,我们未必认为如此,认为人们可能会在这种极其重要的事情上犯错,但多数人却认为,美好生活的标准仍具有客观性。一些认为美好生活只是日日笙歌的人们,后来开始明白,这是一种对美好生活的贫乏理解。他们转变为主张这种更为普遍的观点:一种令人满意的生活必须拥有在一定程度上密切的个人关系,或拥有某种重要的成就,或一种宗教的内容,或更丰富的多样性,或诸如此类的种种。于是,他们发觉昨日之非。我们最著名的文学作品中的很多内容——例如托尔斯泰笔下伊万·伊里奇(Ivan Ilyich)那令人难忘的故事——所精确描述的便是这种发现所带来的特殊痛苦。当然我们也可能得出,或至少以为我们会得出相反的结论。一些人过着他们认为是乏味的工作所带来的沉闷生活,后来突然又为他们所从事的和所经历的一切感到骄傲。[5]

对多数人而言,放弃生活中存在的以下理念非常困难——我认为这是不可能的。这些理念是,存在一种成功的客观标准,我们可能在何谓美好生活这个问题上犯错误,我们避免这样的错误是至关重要之事。如果我们放弃这一假设,会发现很难做出任何重要决策,而这些决策都是现在我们从一些共同直觉中产生的,这些直觉涉及什么是创造成功生活所需要的东西。例如,我们不能只是凭借对自身喜好的预期便做出决策,因为我们是否喜欢从事或拥有什么东西特别依赖于我们是否认为它是美好生活的一部分。确实,一些哲学家对所有客观价值都充满怀疑;他们说,我们关于生活方式的意见不是对客观事实的记述,而只是我们最深处的情绪投射。这种怀疑论的主张是一种哲学混乱,我在其他场合已经尝试解释个中缘由。[6] 但即便是这些怀疑论哲学家也假定,存在一种对他们而言更美好的和更糟糕的生活方式,而以更好的方式生活是重要的。他们更喜欢将这种信念描述为一种情绪投射,而不是一种信仰,但这并未改变这种信念在他们生活中无可置疑的关键角色。一些怀疑论者完全可以房中高卧而完全拒绝做出决定。但他们中的多数人会和我们一样继续生活,好像他们相信其他人所相信的东西一样:我们可能会在什么是美好生活这个问题上犯错,而这些错误是极其令人遗憾的。

我们中的多数人,不论来自我们假定的哪两种文化,都共享着一种更

---

[5] 在我的著作 *Life's Dominion* (Knopf, 1993) 中,我以更长的篇幅描述了这些现象。
[6] 参见我的论文 "You'd Better Believe It," *Philosophy & Public Affairs* (1991).

第一章 共识

有意义的信念:我们认为,使生命本身变得成功而非虚度的重要性并非依赖于我们的主观愿望。我们想要过美好的生活,因为我们意识到如此行动的重要性,而不是相反。一些事情对我们确实重要,只是因为我们恰巧想要它们,天晓得这是为什么。我希望波士顿红袜队在2004年获得棒球锦标赛冠军——令我吃惊的是,这对我曾是如此重要。但是,认为波士顿红袜队的成功是一种具有客观重要性的事,认为如果我不将其视为重要的便犯了大错,这是荒谬可笑的。有些人想攀登高峰,尽管技艺平平却想学会演奏所有的莫扎特奏鸣曲或者搜集所有印刷出来的邮票。这些事业对他们事关重大,他们可能献身于此。然而不论他们如何热烈地追求,这些事业并没有独立的客观重要性。一些人在他认为重要的事情上遭到失败,这当然会使他的生活变得很糟。但这仅是因为他认为这事很重要,因为这是他想要的。而拥有成功的生活并非如此。我们大多数人认为,那些不关心他们生活是什么样子的人,那些只是虚度光阴步入坟墓的人,他们在这些不重要的方面和我们并没什么区别,即使他们也可能恰好不关心红袜队是否获胜。我们认为,那些不关心其生活品质的人具有特别而有辱人格的缺陷:他们缺少尊严。

现在,我必须进一步提出问题。假如(如我现在所假设的那样),你相信你的生活方式具有客观重要性,那么你相信这一点的理由是什么?你所持有的,能够解释并论证你这种信仰的进一步的信念是什么?当你初生时,便已开始走向死亡,而且生命有限。为什么它构成了你极其短暂的生命的组成部分?如果你相信存在一个上帝,而你致力于他的目标,那么你可能要回答说,因为上帝让你以特定的方式生活,所以你的生活方式是重要的。但我们很多人必须在没有这种假设的前提下回答此种问题,这意味着我们必须在超自然的存在之外寻找其他事物,而这种对超自然存在的要求能够解释生活方式的重要性。我认为我们做不到这一点。援引一些我们视为至高无上的理由,例如权力,或某些民族或族群,甚至人类的繁盛,这都没有什么用处。这种理由的重要性能够解释为什么我们应当非常关注人类的繁盛,但对我们每个人来说,它并不能解释为什么这本身是重要的,不能解释为什么对他来说献身于族群的繁荣昌盛是重要的。如果你不相信生命重要性的宗教根源,那么你必须说明,拥有美好生活的重要性是自明的,是基本的。重要的是,除了你要经历一次生命之外,没有进一步的理由。

不管怎样,不论你认为过美好生活的重要性依赖于一个神的意志,或者这种重要性是自明的,我在前文中分离出的第二个议题就出现了。对你来说,是否存在任何事物,使你的生命度过的方式变得比我或其他任何人的方式更具客观性或者说无所不包的重要性?在过去,很多人认为,对普通人来说,其神明更加关心他们或他们的教派,因而他们可以一贯主张其生命事关紧要,而普通人的生命无关痛痒。显然,数以百万计的人们仍然相信这些,他们中有很多人认为,他们的神明要求他们杀掉那些不归附正信的人。但我不认为,哪怕是那些自称为福音传播者或原教旨主义的美国人会认为,他们崇拜的神明会只关心甚或主要关心他们自己。我们美国人的诸宗教是博爱的宗教,它们教导说,存在一个神明视所有人如子女,并平等地关怀他们。很少有美国人会接受任何形式的所谓个人例外论的神学根据。在我们中间,也不会有很多人会公开声称支持此种例外论的任何其他根据。有一些金雀花号或五月花号乘客的后代们,可能会支持那些他们以为来自于同样血统的人们所组成的伙伴关系;而且不幸的是,很多人是种族主义者,他们不愿在其比邻看到黑人或其他少数族裔。这些品味尽管流行,却已被公认为可耻,而且几乎没有人会公开接受。然而,无论如何,现在这些社会优越感和偏见的残留物已显得不合时宜。它们是关于交往的品味,而不是对不同人生活相对内在的重要性进行客观判断的根据。

如果像绝大多数美国人那样,你不相信,有任何东西能使你生活上的成功在客观上特别重要,那么经过反省,你必定会承认人类尊严的第一原则。你必定会接受,一旦人的生命开始,就理应认真度过而非虚度,而这一点在客观上十分重要。你也必定会接受,每个人都同等重要,因为你没有理由支持超出税收减免那样的等级划分。我要求你迈出的这一步,从关注你自己的成功生活的,到承认所有人类生命的平等与客观重要性,这当然会带来非常重大的道德和政治后果。但我现在只想强调一些特别之处:这一步并非意味着你的道德责任,而是意味着你的自我尊重。

刚才我谈到,你以及多数人都会假设,那些对度过美好生活的重要性缺少正确理解的人缺少个人尊严。他们并非仅仅缺少你所拥有的品味,而是不能够欣赏具有客观价值的事物,而这些事物正是他们的生活取得成功而非失败的关键。但是,假如你以为这种客观重要性无法平等地属于所有人,那你也不能主张它属于任何人,那么将尊重自我与对尊重其他生命二者割裂开便是不可能的。你无法依照以下方式行事:在不侮辱你自己尊严的情况下,否认任何人类生命的内在重要性,这一点在道德哲学中是熟知的洞见。这是康德主张的核心内容,即尊重我们自己的人性意味着尊重人性本身。康德坚持认为,如果你将他人作为其生命没有内在重要性的纯粹工具,那么你也在轻视自己的生命。

因此对你来说,问题的关键是,当你的行为蔑视他人生命价值的时候,你要做出抉择,这是在本书其余部分通篇都会涉及的问题,这个问题的答案绝非显而易见。正如我将试图展示的,这关系到在哪些事情上,美国人会负责任地表示反对,他们对这一基本问题的异议会有助于解释,他们如何以及为何反对更具体的政治议题;这也关系到在哪些事情上,美国人可以负责任地参与论辩。

五、人之生命的个人责任

我提到的人类尊严的第二原则坚持主张,我们每个人都对自我生命的管理承担个人责任,包括做出并落实以下决定的责任,即什么生活是善的并值得去过。在作这种决定时,我们不能使自己屈服于其他人的意志;我们不能接受,其他任何人有权强迫我们遵从一种关于成功的观点,除非我们处于无法选择的高压之下。我们必须以各种方式仔细地将屈从与一系列其他方式区别开,在这些方式中他人对我们的影响或许不涉及屈从问题,因而尊严的这一原则并不谴责它。他人会给我们建议,而我们出于种种原因,可能会采纳该建议,我们或许会赞赏并希望效法他们所信奉的价值观和他们做出的决定。这种赞赏和效法可能是自觉的,也可能是草率的,甚至是习惯性的。

他人的价值和行为可能会以更为弥散而互惠的方式影响我们,即通过他们对我们生活其中的文化施加影响的方式。批评家有时会指责,自由主义者认为人类能够成为自足的原子,能够全部通过他们自己内在的智慧来决定价值问题。这样的主张当然是荒谬的。而且我知道,没有一个合格的哲学家会持这种观点,不论他是否信奉自由主义。文化是不可避免的,甚至很少有人想逃避文化。例如,在美国文化中,很多内容反映出这样的见解:认为物质财富是美好生活非常重要的组成部分。不论你是否赞成这一论断,你的子女在他们对职业和生活方式的选择中很可能会受其影响。如果财富像人们到处看到的那样被当作成功的标志,他们就更可能去追求财富。我们受到他人的价值或行为影响的这种方式,都算是屈从于他人的意志。不过,赋予政府或任何其他组织以权威,使之运用惩罚的痛楚来要求我们依附于某种特定的价值观,或者将婚姻伴侣、专业或者职业强加于我们,这就意味着屈从,这是第二原则所谴责的。

一些美国人是我原来提到的较强意义上的个人主义者。他们以按照自己的节奏行动为傲,不盲从任何人的指引,自行其是。其他人则相信,生活在特定的宗教、种族甚或家庭传统之下,对他们的美好生活来说是重要的组成部分,这些传统设定了他们觉得无需反思的生活模式。他们并不认为自己屈从于他人的意志,因为他们不认为有任何人强迫他们采纳关于正确生活方式的见解。他们觉得有自由去反思并重估他人的见解,假如——尽管这不大可能——某天他们发现它是正确的。他们认为,他们始终控制着关于自己生活方式的基本决定,没有其他人能够这样做。他们会被以下任何形式的建议所震惊:他们应该以某种方式放弃自己进行反思的权利,比如假如他们永久改换不同的信仰,就给予他人权力去惩戒自己。他们觉得以那种方式同意放弃他们自己的持续义务,不符合其尊严的需要。

在美国，难道任何重要的宗教团体或传统都不能接受尊严的第二原则吗？如果是这样的话，这一原则将不能作为我们之间的共识。某些宗教在规则之上赋予教会官员以特殊的权威，例如，天主教徒在宗教事务上接受一种教皇不谬的原则。但这种权威是认识上的，而非强迫性的。人们将那些享受该原则的教会官员，理解为拥有通往上帝意志的特殊路径，或关于上帝意志的知识。而接受这种特殊权威的信众，因此也会将那些教会官员的叙述视为确定无疑。这不是特殊责任原则所谴责的那种屈从，因为那些接受此种认识上的权威的人，并未因此承认，那些他们顺从的教会官员有权去通过实践或威胁采取世俗制裁的方式强迫服从。他们以自己的判断来确认，这种顺从是正确的，并因而接受宗教权威和教堂的指导。如果教会官员有权对那些拒绝服从其指示的人施加肉体或财产上的刑罚，像曾在欧洲和美洲做过的，并仍在很多其他地区做的那样，情况就会完全不同，这种权威的确与个人责任原则互不相容。但美国的各个宗教相信，正如一个保守主义的宗教学者所指出的，违背内心确信而强迫信仰的行为不仅"显然剥夺了宗教行为和价值选择作为宗教行为和选择的意义：这妨碍它们成为宗教行为和选择"。[7]

个人责任原则也不禁止人们接受宗教信仰，或作为一种信念或启示的宗教生活道路。个人责任并不意味着科学主义甚至理性主义。许多美国人相信，宗教信仰是由神明直接赐予的礼物。他们在神圣时刻找到其信仰的确证，而不需要任何其他的证据。但他们以这种方式崇奉的信仰无疑是个人化的，这不是以威胁、洗脑或其他恫吓手段强加于人的。当然，有些宗教确实要求拥有以这些方式强加信仰的权力。很多文化并不把个人责任当作尊严的需要，或者它们只将其看做属于男人而非女人，或

---

[7] Robert P. George, *Making Men Moral：Civil Liberties and Public Morality* (Oxford University Press, 1993), 106. 乔治描述了一个我曾经设想过的家长主义者，他认为如果人们像"稻草人"那样被迫祈祷，他们的生命会变得更加美好。"很难想象一个神明愚蠢到被这种冒牌的祈祷者所蒙骗或取悦，或很难想象一个现代人会愚蠢到相信这样的神明。"

者属于宗教或社会长者或上流社会,在美国当然也存在这些文化的代表和遗迹。但正如我相信的,假如这只是极少数的美国信众,我们无疑可以宣称,个人责任原则在这个国家成为适合政治论辩的共识。

同样,没有人会有任何理由主张只有自己有这种责任而其他人没有。任何人都没有根据支持这种差别。在美国没有任何拥有凝聚力的宗教会假定,只有神的选民才应免于屈从于他人的意志。我们认为一些人不能决定自身的重要事务,但这只事关能力而非地位,况且我们所谈论的能力仅指基本的理性,甚至不是指正常的技能。我们确实把重大的决定强加给儿童,例如关于教育问题就是如此,甚至当他们已基本上具备理性的时候也没有改变,但我们将范围限定在当他们到达法定年龄,且能够在原则上对决定进行反思的时候为止。我们并不反对,那些基本上理性的成年人所拥有的,在各种价值之间进行选择的自由,哪怕我们认为他的判断非常糟糕;我甚至不会禁止我们预期会做出错误选择的人,去与他们选择的人结婚或者阅读他们选择的东西;我们不强迫他们从事他们不喜欢的工作,或委派给他们并不赞成的宗教活动。

然而,我现在必须提出一个特殊问题,尽管提出这个问题会推迟论述尊严的第二原则。我讲到这个原则赋予我们每个人以个人责任,对如何引导自己的生活做出某些决定。有哪些决定?我们可能会迅速赞同其中的一部分。我们有权利和责任为自己就诸如宗教、婚姻和职业等事务做出决定;我们也能够迅速赞同,人们无权为自己做出某些决定。我不能为自己决定什么财产是我的而不是你的,或者我是否可以伤害你的身体或监禁你,甚至像我们多数人想的那样,当我开车时是否可以不系安全带。国家为我们所有人做出这些决定,并强制我们服从。这两种决定的差别便是伦理和道德的差别。我们的伦理信念,界定了什么应当算作对我们而言好的生活;我们的道德原则,界定了我们对他人的义务和责任。个人责任原则允许国家强迫我们根据源自道德原则的集体决定来安排生活,但它禁止国家以这种方式施加伦理信念。在第三章中,我们会看到这个关键的区别比这种素描式的陈述更加复杂——而且其细节更具争议性。

但这一概要无疑表达了这种区别的必要性。

六、共识及其争议

我希望你现在至少会试着赞同,除了极少数例外,所有政治光谱中的美国人都会接受,他们共享着我已描述的人类尊严的观念。但这之所以可能,只是因为关于以下内容的不同理解至少在最开始是可以接受的,即根据从界定尊严概念的两个原则中得出的更具政治性的原则和政策会带来何种后果。例如,人们很可能会对税率所带来的后果出现分歧,但这一税率是从每个人的生命具有平等的内在重要性这一原则中得出的,我将在第四章中论述这一问题。他们很可能反对堕胎和同性婚姻引起的后果,而它们来自于人们对其自身的生命负有特殊责任的原则,这是第三章的议题之一。更一般地讲,来自于所谓红色文化的人们会比来自蓝色文化的人们更容易对以下问题给出有限的答案:何种行动表达了对他人生命价值的蔑视,以及何种决定必须交付给根据个人责任的正确概念得出的个人良知。我并不认为,只有我在本书中讨论的特定的政治争议,才适于被理解为对这两大原则进行解释的过程中存在的分歧。我提出讨论的那些分歧只是现在看起来更加重要,更易引起分裂,更加棘手,但我完全可以选择其他问题。

我已经警告过,以为美国人会很快停止激烈的政治分歧是很愚蠢的。如果他们开始将他们之间持续不断的分歧,看做是关于对他们共享的基本价值进行最佳解释的争论,而不是仅仅当作两种互不理解而又彼此争执的世界观之间的对峙,这无疑将是巨大的进步。公民们会被鼓励通过对共享原则提出特定而具普遍性的解释的方式,来捍卫他们关于人权、税收或堕胎的具体信念,而他们相信这些原则支持那些具体的立场。这会使一种熟悉的论辩形式成为可能:持有不同意见的党派接下来会努力表明,他们所依据的对一般原则的解释比竞争对手获得更多无可争议的运用,或者这些解释更适于容纳他们的论辩对手主张的其他价值,或者这些解释包含了他们希望对手意识到的事实：例如，关于贫穷后果的社会性事实，或胚胎学意义上的生物性事实。至少，这种看待我们之间分歧的不同方式，将会增进每一方对另一方的尊重；那么每一方可以将对方视为努力实现他们共享目标的伙伴，视为通过尝试其他人或许尚未充分考虑到的策略来致力于这一计划的伙伴。

现在看来，这似乎是不切实际的希望。我已经承认，现在多数人没有兴趣与那些他们认为属于完全相异的宗教或政治文化的人们进行讨论或辩论。只抱有以下的希望是现实的：一种更适合论辩的不同观点能够扎根于少数人之中，并随之借助有益讨论的实例传播开来，这种有益的讨论会慢慢混合进入那种我们习以为常的、失去活力的两种不可逾越的文化立场之中。尽管我甚至尚未表明此种开端是可能的，因为在我所宣称的能够达成协议的领域，是否存在充分的理由以维持我刚才描述的那种论辩，这仍是一个悬而未决的问题。我们是否能够给出足够的承诺，赞同每个生命都有内在的潜在价值，赞同每个人都负有责任确定和实现他生命的潜在价值，以开启真正的论辩呢？或者这些不过是空洞的口号，其中没有任何值得去讲的重要之处呢？

第二章　恐怖主义与人权

一、恐怖主义、人权与安全

如果可以杀死西方人——尤其是美国人,全世界数以千计的狂热分子会乐于从容赴死。2001年9月,他们制造了一场不可思议的大灾难,而他们或许早已拥有制造末日谋杀的武器,足以使那种破坏的荣耀暗淡无光。我们为之愤怒,也为之惊恐。信息是主要的防御手段,对于恐怖主义者们的资源、身份、领导和计划了解得越多,我们就越安全。信息的一种来源便是人:那些我们的军队和警察认为可能是恐怖主义者,或者可能至少掌握着对我们有用的关于恐怖分子信息的人。美国人并不赞成我们的政府为了掌握信息而对信息持有者采取措施。争议聚焦于三个做法:监视,强制审讯和无限期羁押。

2001年9月11日之后不久,国会如此迅速地通过了授权进行新式监视的法律,以至于没有多少参议员或众议员有机会哪怕是阅读该法案。尽管这一称作《美国爱国者法案》的法律有益地增进了联邦机构之间的沟通,它赋予政府以对自由主义者来说异常而且可怕的权力去侵犯隐私。例如,它允许对人们的住所进行秘密搜查,哪怕没有事后通知,并迫使图书馆汇报人们借阅图书的情况。当国会在2006年修改该法案时,民主党人和温和派共和党人组成的联盟,迫使行政部门删除了其中一些最令人反感的条款,但是一系列新的威胁个人隐私的监视权仍然保留着。早在2006年《纽约时报》便报道说,布什总统已经制订了一项内容广泛的计划,涉及在没有取得联邦法律要求的司法令状的情况下,对公民和外国人进行秘密窃听。总统承认了这一做法。他和助手们宣称这是合法的,其中有一项理由是总统作为总司令所拥有的的宪法权力,允许他凌驾于一般法律之上,但鲜有法律职业人同意这一点。[1]

布什政府一直没有正式承认,它曾经命令在美国拘留营对恐怖分子嫌疑人施加刑讯,或将他们"转移"至其他国家以便刑讯。但是人们普遍认为,这两件事政府都做了,而且国务卿赖斯在回应欧洲领导人的批评时差点承认了这一点,当时据报道,美国在其领土建立了拘留中心。布什政府的司法部编写和分发了备忘录,争辩说总统拥有法律权力下令施加刑讯,即使这为法律所禁止。这一争辩再次依赖于宪法关于总统作为总司令的宣告。无论如何,什么构成刑讯都存有争议,政府显然否认那种算作酷刑的特定恐怖做法,比如反复往蒙面的囚犯头部泼水,以制造出溺水的感觉。

26　　美国现在关塔那摩和全世界其他地方,未经起诉或审判就无限期羁押了上百名囚犯。布什政府宣称这些被羁押者是敌方战斗人员,却不对他们进行审理,或者哪怕通知他们或告诉公众得出以上结论的证据。甚至最危险的国内普通罪犯——例如,那些我们怀疑涉嫌数起谋杀或经营贩毒网络的人——我们也不会如此对待。我们的宪法禁止仅仅因为他们是危险的,或者因为他们掌握可能帮助我们防止谋杀或其他罪行的信息就监禁这些人。数个世纪以来,我们发展出来一套刑事正义的法学理论,

---

〔1〕 关于反对总统主张的一个事例的表述,参见14位前官员和宪法学者就国家安全局的监视致国会议员的信,*The New York Review of Books*, February 9, 2006。

该理论主张,如不会或不能起诉,警方必须迅速释放被拘捕的人。我们也认为,那些被审理的人必须尽可能受到程序保护,以在实践中避免不公正的定罪。我们说,宁使千人漏网,勿使一个错判。但布什政府以能够更有效地保护美国民众免于恐怖袭击为借口,将所有这些约束和保护措施弃置一旁。

所有这些监视、强制审讯和羁押政策都不同寻常,而且毫无疑问非常极端。它们都充满争议,而且这一争议在总体上沿着我们现在研讨的自由主义-保守主义之间分裂的轨迹展现出来,尽管情况并非全部如此。很多美国民众支持政府采取新的强硬政策。他们说,我们的安全此刻正在遭到比以往更严重的威胁,必须像往常一样在安全与自由之间达成新的平衡。但很多美国人对此表示反对。他们认为政府达成的新平衡令自由作出过大的让步,紧急情况并未严重到证明政府已做和仍在做的事情具有正当性。

这一争议部分涉及对美国法律和美国签署和认可的条约的最佳解释。一些自由主义者主张,《美国爱国者法案》中比较极端的条款违宪,而且多数法律职业人确信,总统在没有司法令状的情况下命令窃听属于违法。很多批评家认为,对恐怖分子嫌疑犯的无限期羁押违宪,因为即便是外国人也拥有诉诸传统程序和保护措施的宪法权利,这些权利也是我们承诺赋予国内普通罪犯的。在2004年的一份重要判决中,最高法院认定,政府不允许在关塔那摩的外国人在适宜的法庭就其羁押提出抗辩是违宪的。[2]

但分歧双方的中心问题并非法律问题,因为布什的支持者们认为,这部法律无论如何都已过时,需要修改。他们说,美国法律经过数个世纪发展出来的宪法和法律权利制度,已经由于"9·11"恐怖袭击而过时了。因此用我刚才提到的表述就是,我们需要在安全与被告人的权利之间达成

---

[2] 参见我的文章"What the Court Really Said," *The New York Review of Books*, August 12, 2004.

新的法律平衡。因此，这场真正的论辩是道德性的而非法律性的。

刻画新平衡的意象颇为时髦，但也特别不适当。它表明，我们美国人作为整体必须做出决定，我们想要为自己找到安全与个人自由的何种混合物？这个问题特别像是当我们知道城际公路的开销，以及它给农村带来影响的情况下，去决定如何架设这条公路。然而，实际上我们面对的问题与此并不相同，而且平衡的隐喻掩盖了这些问题。我们必须明白，这不是利益处于平衡点哪一边的问题；而正好相反，是即便在我们的自己的利益受损的情况下，道德的要求是什么的问题。而且，我们无法通过追问政策带来的利益是否超过其成本来回答这个问题。

很多保守主义者相信，美国在道义上有权使用非常规武器应对非常规威胁。他们相信，恐怖分子已经因其野蛮行径和企图，丧失了为我们所关注的任何权利；因而总统有义务和权利把美国的安全放在第一位，并采取任何他和幕僚们认为有助于实现该目标的措施。在有的时候，他们靠虚假的或令人怀疑的事实去证明其措施的正当性。例如，由于接受了总统关于伊拉克拥有可怕的武器储备的说明，民众便支持发动伊拉克战争，而现在他们知道，这个信息并不是真的。此外，民众还接受了总统关于伊拉克协助了2001年恐怖袭击的说明，而这同样也是错误的，但仍有很多人不愿接受这一点。但关于美国反恐政策的深层次争论，其中心分歧还不是关于事实真相，中心分歧是关于这些政策是否侵犯人权。如果这些政策侵犯了人权，即使他们是合法（legal）的，即使它们确实使美国更加安全，也无法得到合理辩护。

我们运用人权的概念，来描述所有权利中最基本和最普遍的部分。没有任何针对政府的控诉，比它侵犯人权更加严重的了。美国和其他国家利用这一理念，为极端的制裁提供正当性，我们拒绝给那些被指控为侵犯人权的国家提供财政援助或经济获利，而且尽力阻止其他国家或机构帮助这些国家。我们相信在某些情况下，为了制止这类践踏人权的行为，完全有理由入侵这些国家。我们不能宣称"9·11"事件使人权过时了，因为这样的权利是永恒的。当自己的安全遭受威胁时，我们不能声称拥有特权去无视人权,因为我们坚持认为,国家必须尊重这些权利,无论他们有什么理由去侵犯它们。所以,当大部分公众似乎对法律权利漠不关心的时候,政府的批评者们呼吁人权就是很自然的事情了。

不过,我们必须在批评者们所抱有的两种不同主张之间做出仔细的区分。"二战"之后,很多国家参加了一系列列举具体权利的国际条约、宪章和盟约,并同意尊重这些权利。它们包括例如《联合国人权宣言》《欧洲人权公约》和设定战俘定义和待遇的日内瓦诸公约。一些批评者指控美国对恐怖分子被告人的待遇,违反了这些公约中的种种义务。这种指控是否成立,在国际法学家之间存在很多争议。例如,布什政府争辩说,那些被控在阿富汗为塔利班或基地组织而战的囚犯无权获得日内瓦诸公约的保护,因为他们是"非法战斗人员"。美国一家上诉法院已经接受了这种抗辩,但大量顶尖的国际法学家拒绝接受这套说辞,我也赞成国际法学家们的意见。[3]

关于人权的这种争论基本上是法律问题,因为它着眼于对国际条约或其他文件的正确解释。而其他的批评者则提出了不同的,而且是更根本性的指控:我们的羁押政策侵犯了真正的人权,那种人之为人享有的权利,那种条约理应保护的权利,那种没有国家能被允许哪怕是出于安全理由而予以剥夺的权利。国际条约的目的是界定和保护这些基本人权。但不可避免的是,条约是拥有不同传统和利益的不同国家之间妥协的产物,因此人们经常批评这些条约无法充分而准确地把握人权。一些国家和组织,尤其是来自于第三世界的成员相信多数条约都存在缺陷,例如它们忽略了经济权利,它们所包括的一些所谓人权只是一些西方强国传统中的狭隘观念,包括(根据第三世界的多数意见)言论自由和出版自由。因此,即使布什政府在其法律意见中说,日内瓦诸公约和其他条约在技术上不适用于关塔那摩的羁押这一点是正确的,以下道德问题仍然存在:即我们在关塔那摩或其他地方采取的政策,是否确实侵犯了羁押犯的基本人

[3] *Hamdan v. Rumsfeld*, 415 F. 3d 33 (2005).

权?而这些基本人权使美国的行为即使并不违法,也是不道德的。

此刻道德必须成为我们的议题。美国民众显然极不赞成布什政府给出的回答,而且这种分歧似乎仍粗略地沿着人们现在所熟悉的红-蓝界限而展开。自由主义者抨击我们的监听和其他反恐政策,而保守主义者则捍卫这些政策。这构成了一道裂缝,让批评家认为我们现在是两极分化的国家。但是尽管我们存在分歧,却并不从事辩论,不存在关于被羁押者拥有哪些人权的辩论,也不存在哪怕是关于什么是人权的辩论。

二、什么是人权?

所有有政治意识的人都有使用人权这一概念的自由。如我所言,他们运用人权这个概念来进行最严重的政治指控,并为严肃的政治制裁,包括发动战争来进行辩护。不过在这些人中,有很多人会发现,说明什么是人权非常困难。他们不仅对具体的人权清单应当包含哪些内容存在分歧——比如,人权是否应当包括经济权利或言论自由权?而且他们发现,哪怕为他们的主张界定一个标准,提供一套答案,说明应当如何决定何种权利属于这一清单都很困难。这些问题非常重要,需要我们更系统地回顾人权的真正理念。如果我们想在关于反恐政策之道德性的国家辩论方面取得任何进步的话,就必须首先直面这一哲学问题。然后在下一节中,我们才能够回头处理这个政治争议。

法律和政治权利。什么是人权?如何将人权与法律权利和非基本的道德权利区别开?我们能够很好地理解法律权利这一理念,政府出于一系列的理由创造和执行法律权利。例如,一个国家的经济无法有效运行,除非国家的法律创设和保护财产权利,以使人们能够期待保有他们通过劳动或贸易获得的财物。一些法律权利,我们称之为宪法权利,具有特殊的力量和作用:它能阻止政府颁布或采取与宪法权利相反的,似乎更有吸引力的法律或政策。美国宪法第一修正案创设了这种法律权利,它赋予公民以政府不可克减的言论权利,即使这种克减在整体上符合公共利益。

我们经常为这种宪法权利提供论证,认为人们有一种道德权利,而宪法只是将它变成了法律权利。我们所铭记在心的这种道德权利具有特殊性,因为这些权利并不是对抗作为个体的其他人的权利,而是对抗政府的权利。因此,我将这些特殊的道德权利作为政治权利来看待。

政府的多数正当行为,都涉及对不同人之间利益的权衡。这些行为使一些公民受益,使其他人受损,以此来增加共同体的整体福利。当国会制订了一种特别进口关税,一种特别奢侈品税,或对种植特定作物来给予农民补贴,或者当一个州或城市决定在这里而不是别的地方建造一座机场、一座体育场或一段新的高速公路,这种决定给一些公民带来了利益,而使其他公民遭到损失。在考虑到一些公民的获利和其他人的损失的情况下,如果这一决定在整体上的效果是有益的,它便具有正当性。如果在我的而不是你的房子附近建设机场在整体上确实对每个人都有利,我对该决定便没有什么可抱怨的。

但是,有一些民众的特定利益是如此重要,以至于共同体为了整体福利而牺牲这些利益在道德上是错误的。政治权利划出并保护这些特别重要的利益。我们可以说,政治权利便是一张王牌,它超乎那种政治行动的讨价还价。第一修正案赋予美国人一项免于政治审查的法律权利,我们认为,民众拥有一项表达其思想的政治权利,这种权利如此重要以至于需要法律保护,这本身就解释了为什么这种法律权利是值得赋予的(在第五章中,我考虑了人们何以被认为拥有这种政治权利的几个理由)。宪法也赋予美国人以法律权利,保证如果他们被指控犯罪,就能获得公正的审判。我们认为那些法律权利具有正当性,因为坚信,人们拥有不经正当审判便不得被监禁的政治权利,即使监禁可能在某种程度上有利于共同体的整体利益。我们之所以诉诸政治权利,不仅因为政治权利能够解释和论证法律权利,而且因为可以运用政治权利来批评政府没有接受理应采纳的法律权利。那些认为平权行动(affirmative action)——给予少数群体的成员在大学入学和就业方面的特别优惠——是错误的美国人经常诉诸一项政治权利作为反对的理由。他们说,多数群体的学生或求职者有权使自己不必处于这种不利的地位,即使共同体在整体上会因此受益。那些认为平权行动并非不公平的人,则认为不存在这样的政治权利。[4]

有些主张政治权利的人提出一种非常强硬的主张:政府无法准确做出最符合共同体整体最佳利益的事。他必须说明,为什么他所诉诸的个人利益如此重要,以至于能够论证他这种强硬的主张。如果我们接受我在上一章中所描述的人类尊严的两个原则,就可以借助这些原则来考察一下这个观点。我们坚信,人们拥有获取各种必要保护的政治权利,以尊重他们的生命和独立责任的平等重要性,并以此来界定和创造自我生命中的价值。比如,基于同样的理由,我们坚信,当人们所属的种族遭到歧视时,他们拥有免遭歧视的政治权利。人们也拥有就公共争议事项表达自己思想的权利。即使出于某种理由,那些政府歧视或监控人们的政治言论的措施可能会造福于共同体其他成员,这些措施也是错误的。在我看来,正如近几十年来美国法院系统所解释的那样,美国宪法中的宪法权利清单,为确认和保护那些源自尊严两大原则的政治权利,并将那些政治权利转化为法律权利做出了较好的贡献。很多其他国家和国际组织的宪法文件和国际盟约也是如此,在某种意义上,这是因为他们学习了美国的宪法实践,就像美国现在学习它们的经验一样。

毫无疑问,现在我们必须注意,不同国家在承认何种政治权利的问题上有着突出的差异。甚至那些和我们属于大体相同政治文化的国家,在重大事务上也与我们存在分歧。例如,在英国和其他一些欧洲国家,人们拥有不因其种族被而公开侮辱的法律权利,此种权利通过法律将"仇恨言论"(hate speech)定罪的方式获得保护。相反在美国,人们拥有随意公开侮辱任何人的权利,包括贬低那个人的种族或他所从属的任何其他组织,只要他们不挑起骚乱或煽动从事犯罪行为。这反映出在理解尊严的两大原则的过程中,存在的一种善意的差异。在美国而不是在欧洲,主导意见坚持认为,尊重人们出于自我价值的个人责任,意味着允许他们挑战

---

[4] 我自己坚持这样的观点。参见 *Sovereign Virtue*,第11章和第12章。

民主社会最根本的假设,包括人们的生命具有同等的内在价值和重要性这条假设。

在由截然不同的道德和宗教文化组成的国家,政治权利之间的差异就更加巨大。在很多政治共同体中,妇女受到一系列资格限制和约束。对美国人来说,这似乎表明在这些共同体中,人们并不把妇女视为同等重要的对象。在很多共同体中,人们对我们视为不言自明的政治参与权闻所未闻。很多国家甚至还没有正式的民主制度,而且在那些号称民主的国家中,有很多国家只允许单一政党,而且拒绝我们认为对真正的民主制度来说不可或缺的出版自由和言论自由。而另一方面,正如我所说,美国因为没有承认一些权利而广受批评,而在很多其他国家,尤其是新兴国家的宪法中明确而坚决地列出了这些权利——它们被称为社会和经济权利,包括获得体面的住房,医疗保险,甚至工作的权利。

人权。现在我们来继续追问,人权与刚才我们一直考虑的重要的政治权利之间有何区别?我的意思还不是追问我们应当将何种具体权利算作人权。我的意思是,我们应当如何理解人权这一理念,以便证实以下共同的假设:人权是政治权利,不过是那种特殊而且极其重要的政治权利。在一般情况下,违反一些重要的政治权利,并不能为侵略其他国家或者故意破坏其经济提供理由。例如在德国,现在有的作家因为说犹太人在很大程度上捏造了大屠杀而被捕入狱。美国可能会批评德国这么做侵犯了言论自由,而在我们看来,这是非常重要的政治权利;但没有人会认为,这让美国有理由侵略德国或对其施加贸易制裁。然而,当有的国家政府侵犯了在我们看来不仅是政治权利,而且是人权的时候,例如当这些国家监禁并虐待其批评者,或者有步骤地搜寻并屠杀少数宗教或种族成员的时候,我们至少会考虑进行严厉惩罚的可能性,以尽力阻止这些犯罪。

因此在实践中,政治权利与人权的区分非常重要,而政治哲学家对在二者之间进行区分的方式存在分歧。有些人建议采取一种经验的,而非断言式的检验标准;他们的建议是,只将那些代表主要宗教和政治文化的、各国实践中获得广泛承认的政治权利确定为人权。显而易见,这一思路的主张能保护我们脱离那种认为我们的人权概念是狭隘的,来源于单一文化传统的指控。但是它的缺点也同样明显。它妨碍我们主张明显的不正义是侵犯人权,比如对少数群体或妇女大规模且严重的歧视,这在一些文化中属于传统范畴。它将丧失人权概念中暗含的强大批判力量。

如果我们想要为人权理念在国内和国际政治中所扮演的特殊角色提供论证,就必须将人权界定为更具批判性的东西。因此另有一些哲学家建议,人权与普通的政治权利不同,因为前者在某种程度上对人更加重要。然而,这种建议面对另一种困难。我们认为,所有在政治论辩中出现的权利都非常重要,它们都是超过所有普通政治理由的"王牌"。而且我们认为,它们之所以那样重要,是因为侵犯这些权利会触犯人类尊严的一个原则。还有什么比这更加重要呢?如果我们认为德国侵犯言论自由的法律侵害了公民的尊严,那为什么不将其算作是侵犯人权呢?那我们为什么没有理由为了阻止这一行为去侵略德国呢?

我认为,我们最好将人权的理念做出以下解释:当政府在确定人们的道德权利方面犯下善意错误的时候,我们不要试图通过考察政府行为造成伤害的严重程度来界定问题的性质。与此相反,我们应当区分政府出于尊重人的尊严的原则而犯下的善意错误,与那些表现出对人类尊严的蔑视或漠不关心的行为。应当说,基本权利是应以特定态度对待人的权利:这种态度表达出这样的理解,每个人都是有尊严的个体。对一个政府来说,即使它在确定哪些具体的政治权利必须获得尊重的时候犯错,只要其态度是诚恳的,它便尊重了此种人权。我们认定的两大原则赋予人权这一流行的理念以最低限度的内容。一个人的最基本人权——所有其他的人权都由此而来,是他以特定方式得到那些掌权者对待的权利,这种方式与那些掌权者是否认为他的生命具有内在重要性,以及是否认为他有实现自我生命价值的个人责任密切相关。当然,接受这些原则就意味着,要理解人们认为这些原则显而易见会支持的行为的界限在哪里。即使有的国家的领导人相信大屠杀对其民众是好的,因为这样他们就可以在天国找到真正的信仰,人权也不能为这个国家提供种族屠杀的借口。对任何一个理解人对生命所负责任的人来说,这样的政策都是对这一原则的践踏。

在此之前,对人权进行高度抽象的描述还是十分必要的,但我现在必须努力运用例子来对它作具体说明。政府尊重人之尊严的基本要求体现在两个方面,而这两个方面之间的区分在实践上非常重要。首先,这一基本要求是我们所谓底线人权的来源。底线人权是指那些为所有政府的行动设定底线的具体权利,如免于酷刑的权利。底线人权禁止一切违背对人之尊严两大原则的行为,这两大原则是人们的生命具有平等的内在价值,以及他们对自己的生活承担个人责任。对这两大原则的合理解释都无法为侵犯底线人权的行为提供理由,它们是人权宣言和条约试图界定的具体权利。

其次,这一基本要求具有延伸的、持续且独特的力量。它禁止任何政府违背它自己对这些价值的理解来对个人采取行动,而这种理解扎根于政府自身的法律实践中。因为如违背这一理解,恰恰也会明确否定了政府对受害者人格的尊重。

三、侵犯底线

在民众之间和国家之间可能会普遍存在分歧,但毫无疑问,他们对人类尊严两大原则的最佳解释保持着善意。这就是为什么不同的国家将各不相同的政治权利,制定为法律或确立为宪法权利的原因。正如美国最高法院宣告的那样,美国对个人责任的理解与欧洲有所不同,与更为疏离的文化所抱有的理解更有天壤之别。德国善意地惩罚那些否认大屠杀的人,尽管在那些接受自己传统的美国人看来德国做错了。美国法学家认为这是政治权利方面的错误,但对他们来说,就此认为德国并没有充分理解尊重人们平等的重要性和他们所负之个人责任就采取了行动,至少这是不合理的。

然而,有些政府的行为如此明显地与人类尊严的原则不符,以至于我们认为这些行为无法符合对这些原则的任何合理解释。我们必须列出最重要的的人权清单,以限制这种性质的行为对人权的侵犯。当然在界限划分的问题上存在异议空间,并没有机械的检验标准。这便解释了何以人们对人权是否包括经济权利,以及采取何种措施保障这些权利存在争论。但这也解释了我们在以下问题上能够取得大部分共识,即界定一些行为属于明显侵犯的人权行为。

让我们从尊严的第一原则开始,该原则宣称,每个人的生命具有内在而平等的重要性。我们先来讲一些明显的例子。公然的偏见和歧视是践踏该原则的最显著例子:假设一个种姓对另一种姓,信徒对异教徒,雅利安人对闪米特人,或者白人对黑人拥有所谓的优越性。在那些种族灭绝的野心中,这种蔑视表现得明显而可怖。有时这种蔑视更加个人化,掌权者有时只是出于蔑视,或为了消遣而羞辱、强奸或虐待受害者,这便是在阿布格莱布监狱的战俘身上所发生的事情。就算在那些认为有些人是"劣种",或者对羞辱或虐待他人以取乐的行径听之任之的国家,也不会宣称这种行为符合对人类尊严任何可理解的定义。

现在,我们简单看一下第二原则,它坚持主张,个人有责任去决定成功的生命所需要的价值。该原则支持以下传统的自由权:言论和表达自由,良心的自由,从事政治活动的自由,以及大多数人权文件所包括的宗教自由。我曾指出,不同的国家和文化对如何界定和保护这些自由权有着不同的观点。不同社会对于什么是我们所谓的表面的家长主义也有不同理解。多数人认为,延续到青春期后期的义务教育和强制系安全带是家长主义可以接受的形式,因为第一项措施无疑增强而非削弱了个人支配自我生命的能力,而第二项措施有助于人们最终实现其目标——尽管人们公认,这些措施有时存在缺陷。有些社会比这些更家长主义,但这并未侵犯人权,除非干预的程度似乎已经超出了第二原则所能理解的范围。我们可以说,不同的政治文化对如何保障个体的个人责任存在不同的观点。

但有的时候,政府的有些行为表明,它们没有做出善意努力去承认和确保这种责任,而是完全否认它。有些政府在特定宗教以外禁止其他一切宗教活动,它们惩罚异教徒或亵渎神明的行为,或者在原则上否认言论自由和出版自由,那么这些政府便侵犯了人权。那些仅仅出于憎恨或者希望改变民众的政治观点,就胁迫、屠杀或虐待民众的政府也是侵犯人权的政府。在奥威尔的小说《一九八四》中,对这种政府的描绘仍然堪称经典:这类政府剥夺个人对自我生命的价值做出判断的权利,将单一的集体伦理判断强加于个人。在奥威尔预计噩梦来临之日的二十多年后,一些国家仍在主张同样的威权,它们仍然否认其成员和主体的人权。

长久以来,人们将免于酷刑的权利作为经典的人权,是针对一切人的人权清单的首项。痛苦是可怕的,但酷刑不仅仅关乎痛苦,它有时是作为权力和征服的怪诞象征而使人遭受痛苦。因此,酷刑也是侵犯人权的行为。但是有人也会利用酷刑来作为保障安全的一种措施,于是是否应该反对酷刑这个问题就变得更加复杂。小布什的总检察长阿尔伯托·冈萨雷斯在他主持的听证会上争辩说,或许以等级有别的酷刑为措施进行强制审讯,是发现信息的一种特别有效的手段,而这些信息是挽救美国人民的生命所需要的。这一主张充满争议:很多审讯专家认为,通过酷刑获得的信息几乎总是没什么用处。但毫无疑问的是,我们必须考虑,即便冈萨雷斯是对的,酷刑是否仍然会侵犯人权? 是的,它会侵犯人权。因为酷刑的目的显然不仅是对人造成伤害,酷刑更是一种摧毁力量,它将一个人依据其忠诚和信念做出自我决定的能力摧毁殆尽。政府为了换取信息,以减刑来诱惑犯罪嫌疑人,尽管换个角度来看,这似乎也令人反感,但它给了罪犯完整的权衡代价和后果的能力。而设计酷刑是为了放弃这种可能性,只是将罪犯降格为嚎叫的动物,使他们的自我决定变得不再可能——这是对人性最严重的侮辱,是对人权最恶劣的暴行。

现在,我们来看一个更有争议的事例。在美国的多数州都存在死刑。我认为死刑在道德上是错误的。我也主张(尽管我知道美国多数宪法学家反对),最高法院在过去的裁决中认为死刑违宪的主张非常正确。因为这是残酷而非正常的惩罚,违反了宪法第八修正案,但这份裁决后来被推翻。不过,死刑是否确实不仅在道德上是错误的和违宪的,而且侵犯了人权呢?很多人回答是肯定的。在很多国家中,宪法规定死刑为非法,而且欧盟的法律确立了死刑犯不引渡的原则。

但是,在关于人权的底线标准看来,那些关于死刑侵犯人权的理由并不特别充分。因为我们需要设法将两种截然不同的信念,即人的尊严与死亡作为一种惩罚手段二者调和起来。第一种信念认为,死刑是对谋杀的一种有效震慑。如果是这样的话,那么我们可以提出充分的理由证明,死刑只是为了拯救无辜而杀掉有罪的人,因此,它并没有否认人类生命平等的内在重要性。这种观点可能会遭到反对,因为没有可靠的证据表明,死刑有任何重要的震慑作用。我赞同该反对意见。但这并不等于说,那些主张死刑能够震慑谋杀的人一定是虚伪的。第二种信念主张,即使死刑没有震慑作用,它仍具有正当性,因为共同体有权报复杀人者,而杀掉谋杀者对受害者的家属和整个社会而言,用一个丑恶的词汇来讲,就是"了结"。有一些因对尊严问题保持敏锐观察而著名的伦理学家也支持这种论调。我发现这种论调完全没有说服力,但我不能说,接受这种观点的人暴露出了他们对人类尊严或人的生命内在价值的潜在蔑视。然而,在另一方面也存在着重要的争论。不论陪审团多么公正和审慎,没有任何一个陪审团能够完全排除判无辜的人有罪的可能性,而冒这样的危险看起来也是对人类生命的蔑视。在美国的实践中,对黑人被告采用死刑多得不成比例,而我们很难不去怀疑,这些决定受到了种族主义的污染。不过如我所说,死刑侵犯人权的理由在底线的问题上似乎最多只是不确定的。我们能够理解那些认为死刑突破人权底线的人们的观点,但他们无疑会同意,其他国家为了阻止死刑而侵略德克萨斯或佛罗里达是荒唐的,即使这些国家有足够的实力去做这样的事。

最后,让我们立刻转到涉及我们自己的议题。美国对抗恐怖主义施加威胁的政策是否侵犯了底线人权,也就是那种任何国家,不论它们拥有何种传统和实践都必须尊重的人权?显然,不论布什政府的法律专家怎么说,酷刑侵犯了底线人权。绝大多数美国民众都会赞同这一判断,而且政府也正式否认过它曾虐待囚犯。所以,我们应当把精力集中在政府承认的,而且很多美国民众坚持的那些羁押政策。仅仅基于一项认定这些人是危险敌人的行政决定,一项不受法院一般审查的决定,我们就未经起诉或审判而无限期羁押了上百个人。这个政策侵犯那些囚犯的底线人权了吗?

我拟为主张该政策并未侵犯底线人权的美国民众提出一种论点。我们的羁押政策建立在对以下事实的假设基础上,即如果这些事实是真的,那些美国民众相信这些事实为该政策提供了理由,而且这些事实不会如此明显的虚假,以至于没有理性的人会相信它们。美国正遭受大规模杀伤性恐怖袭击的持续威胁,而我们的政府相信如果释放它扣押的那些人,危险将会加剧,或者相信他们掌握有能够帮助美国政府降低威胁的信息,或者这两种可能性都存在。对那些被羁押者而言,事实未必如此。他们可能是无辜的,而且没有威胁。但是在普通刑事审判之后让法官做出决定太过冒险,因为我们知道,这种审判有时会让危险的人获得自由。

的确,这种论点承认美国仍必须尊重羁押者作为人的尊严。但是,军方却提供了一种审查关塔那摩羁押犯身份的程序:它举行听证会,由军方官员来对每个羁押犯进行审查,以确定这个人是否敌方战斗人员,如果是的话,他是否仍然对美国造成威胁。当这种听证会作出对羁押犯的有利裁决,他们确实会被释放。但实际上,这些听证会没有提供任何保障措施,而在普通的国内刑事审判中,这些措施是我们坚持赋予自己公民的。这些羁押犯不能获准自己选择律师,不被告知对他们不利的证据,所以也没有任何机会对那些证据提出抗辩。没有由法官或者政府行政部门以外的任何人负责对法庭的决定进行审查;从效果上来看,军方同时扮演着追诉方、法官和陪审团三个角色。然而,根据这一论点,这些最低限度的安排满足了底线人权的要求,因为如果一个国家不把那些对国家安全构成威胁的囚犯当作人来看待,并承担保障其尊严的责任,它连以上提及的听证都不会提供。

很多美国人觉得这是一个貌似有理的论点。他们总结说,政府的羁押措施并没有侵犯所有国家必须作为一种道德责任去遵守的底线人权。他们接受政府的主张，认为唯一有用的问题是，这种羁押政策是否违背了我们在日内瓦诸公约或其他条约之下的法律承诺？而他们也接受了政府不会如此作为的保证。诚如我所说，我不赞成这种判断。我认为，布什政府的羁押政策违反了它在国际法中的义务。但是更深层次的道德问题又是怎么样呢？我们是否应当接受我刚才提出的那种论点？我们的羁押举措是否侵犯了任何国家必须尊重的底线人权，不管这些国家的历史是怎样的？

我们不能说，只有那些为普通刑事被告人提供像美国提供给普通被告人的那种程度的安全审判的国家，才算是尊重被告人的生命价值。很多国家有着和我们不同的刑事诉讼程序。在其中一些国家，普通程序不能像我们那样有效地保护无辜，而我们不能仅仅因为这个理由就说他们的做法侵犯了底线人权。然而，关塔那摩的听证会甚至还不如那些我们尊重其司法系统的国家中最松懈的程序安全，也没有多数国际人权公约所要求的刑事程序安全。早在2006年，联合国人权委员会有五位观察员宣称，由于关塔那摩战俘营的行为侵犯人权，因此理应关闭它。作为美国在伊拉克的坚强盟友——英国首相布莱尔，将该营地称作"畸形"（anomaly），而英国首席检察官，戈德·史密斯勋爵则指出，处理恐怖分子活动的正确方法是"公正审判"，而政府设计的军事法庭不会提供"我们可以接受的那种标准的公正审判"。所以，那种主张美国的羁押程序因表现出对人类尊严的充分尊重而满足底线人权要求的观点，不过是虚弱而站不住脚的。然而无论如何，这些程序所挑战的人权绝非就这一种。

四、恶意侵犯

我曾指出，最基本的人权是政府待之以特定态度的权利，待之以人之为人应得的尊重。我们已经考察过底线人权，即那些任何国家不论拥有何种文化或传统都必须尊重的更为具体的权利。但是这些底线人权并没有穷尽基本人权的内容。基本人权在有的国家提出了更多要求,因为这些国家的实践将某种待遇视为侮辱行为,即使在其他国家人们并不这样认为。如果是这种情况,当这些国家以此种方式对待人时就没有给人以尊重。假设一个共同体确立和保护一种特别强意义上的言论自由。如果这种学说代表了这个共同体对关于人类尊严要求的审慎意见,它便不能赞同那种否认国家内部的任何群体都享有同等自由的观点当然对外国人也应一视同仁,并以此善意地尊重外国人的人权。如果一个国家的实践表明,它出于对基本原则的尊重而需要更广泛地保护人权,以避免监禁无辜民众,这种保护的程度超过了其他国家对其公民所做出的让步,那么这个国家必定会为在其治下的所有人拥有这种信念而深感荣耀。如果不是这样,这个国家便没有将那些被划作例外的人当作完整的人来看待。

所以人权理念所提出的第二项检验标准,就是是否首尾一致地尊重人的尊严。第二项标准禁止政府作出违背国家所接受的尊严概念的事情。这对美国来说是比第一项标准更加严格的标准。美国正常的刑事司法实践确立了一些东西,而这些东西是我们认为尊重犯罪嫌疑人的人格尊严所必需的。因此,当我们否认对那些恐怖分子嫌疑人应给予尊重时,表达出对他们的蔑视。这无疑非常有用,而且肯定会提高我们的集体安全。如果警察能够理所当然地把他认为会给安全带来威胁的普通公民关押,且不必担心审判所带来的花费、迟延和窘境的话,或许这还是一桩好买卖。实际上,在对抗毒品的战争中,这种措施会极为有用,它能够监禁那些我们根本没有考虑过会从事犯罪的人,尤其是当我们认为他们掌握着毒品贸易方面的信息,而我们可以迫使他们分享的时候。尽管这种选择不无用处,但我们仍然拒绝警察做出这种选择。因为我们认为,人们有权避免以那种非常严重的方式受到伤害,即使当这些选择会使我们更加安全,并有助于消除我们共同体所面临的诸如毒品这类严重危险的时候也是如此。

窘境的话也是一桩好买卖——

我们自我限制这种提高安全性的方式,是因为我们认为,以秘密关押某人的方式来剥夺他的自由,既是一种对他作为生命具有内在价值的个体身份的粗暴侵犯,也是对引导他自己生活之责任的粗暴侵犯。监禁是奴隶制的一种极端形式。我们无法将这种只是为了最低限度地改善他人的安全,而把可怕的奴隶制强加于人的方式正当化,除非我们将他的生命看做不如别人重要。所以不经起诉或审判而关押犯罪嫌疑人,或者关押那些虽然没有犯罪但我们的警方断定为危险的人,这样的政策会侵犯我们认为人类尊严所要求的东西。

当然,有的时候我们确实将奴隶制,甚至将死亡强加于那些被指控为犯罪的人,而且这样做完全是为了使其他人更加安全。每当经过公正审判判决某些人有罪之后,我们会这样做,并以这些方式惩罚他们。但是我们一以贯之地根据人类尊严的概念行事。因为如果审判确实公正,我们就能够合理地认为,我们并未将罪犯的生命视为不如其他人的生命重要。我们并非为了其他人的福祉而选中他们来加以伤害。他经过深思熟虑,决定为了自己的福祉或目的而伤害他人,是他自己选择了扮演这样的角色。我们之所以对已经定罪的罪犯采取措施,是因为,我们依据程序的公正和充分作出判断,是罪犯自己是否实际上自己选择了这条道路。这便是我们为什么努力确保程序尽可能设计的公正的原因。这便是我们对一个古老假设作出的真正解释:尽管危险,释放有罪的人要比判罪无辜的人好得多。确实,在刑事程序中,我们可以发展出与此不同的、并不那么严格的公正标准。我们可能设想过,允许警方自己审判他们逮捕的人,而无须让犯人知悉或接触不利于他们的证据,无须对定罪进行司法审查,而这在谋杀案件中会是一种足够公正的程序。如果我们提出并采纳了这个意见,现在可能会更加安全。但是我们并没有这样想。与此相反,作为一个国家,我们想的是,任何这类程序都不够公平,不能为监禁所带来的严重伤害和侮辱提供正当性。

在另外一种情境下,我们也会出现不经审判而监禁人的情况:当正在战争中,我们会逮捕那些敌方从事犯罪活动以对抗我们的士兵。在这些情境下,我们的举措受到国际法的制约,它允许我们关押这些士兵直到敌对关系结束,但只有在日内瓦诸公约所规定的相对温和的条件下才能这样做。这些条件包括,与看守他们的人享受同等的生活安排,并禁止哪怕是有限形式的强制性审讯。我们宣称,因为从事非法活动,那些在关塔那摩和其他地方作为恐怖分子嫌疑犯而被关押的人无权享受那些安排,而且可以关押他们直到美国不再受到恐怖主义威胁时为止(这可能意味着他们生命的其余时光都要在这里耗尽)。因为,我们把他们当作罪犯对待,却拒绝赋予他们罪犯的权利,包括对他们所谓的罪行进行指控和审判的最基本权利。如果假定,我们正常的刑法规定了被告人理应享有的必要权利,那么这进一步表明以上行为不具有正当性,因为我们无法在我们所有的法律文件中宣称这是善意的行为,这些法律文件表明,这是那些我们怀疑从事恐怖主义活动的人要求享有的必要权利。相反,这只能表明我们没有将他们作为完整的人来对待。

五、安全与荣誉

我现在已经提出一个论点,认为美国无限期监禁恐怖分子嫌疑犯的政策侵犯了人权。这一论点以植根于人类尊严两大原则的人权概念作为起点。首先,它要求任何政府,不论它拥有何种传统和实践,都必须一以贯之地依据人之生命所具有的平等的内在重要性和他们对自我生命之个人责任的某种善意理解来行动。其次,它也要求那些已经形成了对这些标准之内容的独特理解的国家,不能否认这种理解给任何人带来的益处。后一种要求在美国的例子中尤其明显,而对我们来说,这意味着我们不经审判的无限期监禁政策侵犯了我们监禁的那些人的人权。

这个论点与大量美国民众的想法相悖,因而我们现在必须思考他们会如何反驳这一论点。他们会提出什么样的论点来得出相反的结论呢?首先,他们或许会否认我的论点所源自的那种人权理论。有些国家和社会运动确实会否认该理论,因为它立基于远非普遍分享的人类尊严的原则。但是,让我们想想否认这些原则意味着什么吧!波黑塞族人说,他们的种族灭绝计划没有践踏人权,因为穆斯林并非真正的人,而胡图族人则对他们所屠杀的图西族人说着同样的话。如果我们想完全接受人权理念,那么必须在某处树立一项关于谁是人,以及待人以人的尊严意味着什么的标准。我们不能始终泛泛而论,而是必须给这些短语赋予内容,而且必须依赖我们自己的信念去完成它。

一些人可能会反对说,如果我们坚持我所界定的尊严概念,就必须假定在伦理和道德的领域存在客观的真实。我同意这一点。但我们必须做出这种假设,因为那种与此相反的、怀疑论的主张在哲学上是站不住脚的。我在其他著作中已经尝试解释了原因[5];而我也认为,拒绝这种怀疑主义也是我们共享观念的组成部分。有时保守主义者说,自由主义者是道德怀疑论者,就在升任之后,教皇本笃十六世便说自由主义者接受道德相对主义。这是错误的,在我们所谓的政治文化的双方,除了有一些误入歧途的哲学家之外,都以同等的信念拒绝相对主义。

因此我应认为,或许拒绝我论点的数以百万计的美国民众应当不会拒绝该论点基于其上的这种人权理论。他们可能提出什么其他的论点呢?他们可能会挑战我的以下主张:由于美国民众在他们的国内刑法中坚持特定的程序,因此他们相信这些程序对保护人的尊严不可或缺。当然,将我们刑事程序的某些方面当作具有此等意义是难以置信的。有一段时间,最高法院坚持认为,如果警方非法获取证据,在审判中该证据就不能用来指控被告人——不论这个证据多么有说服力地证明其罪。这一规则如今已被撤销,但曾是针对警方违法行为的有效威慑。但没有人会假定,提出证明被告人罪行的真实证据会否认他生命的平等重要性,即使当警方以非正当的方式获取该证据的时候也是如此。

但是,那些禁止未经审判而监禁的规则,以及要求允许被告知悉指控内容和不利证据的规则显然属于另外一种情况。它们不存在次要的、工具性的目的,它们被设计出来就是为了防止我们相信是严重不公正的行

---

[5] 参见我的著作 *Justice for Hedgehogs* (Harvard University Press, forthcoming).

为。通过发誓放弃针对那些我们有理由认为在未来可能从事暴力犯罪的人进行预防性拘留,以及通过允许那些我们认为已经犯下这些罪名的人有机会在资深律师的帮助下捍卫自己的权利,并受到不会预先定罪的官方审判,我们在安全方面付出了相当的代价。除了出于防止严重的不正义的目的,认为我们之所以付出如此代价还有任何其他的原因,这是毫无道理的。

与以上观点有些不同,那些维护政府的人可能会争辩说国民性各有差别,说我们的一般刑事诉讼规则只能反映出我们对自己的同胞所负有的信念。而且他们认为,我们会以完美的善意假定,在限制警方和军事力量的以尊重人的尊严方面,针对外国人要求要相对低一些。罗伯特·杰克逊是最高法院大法官中非常杰出的一位,"二战"后他曾在针对纳粹的纽伦堡审判中担任检察官。他曾讲到,那种认为敌方国民与美国公民一样有权享有美国宪法之下的同等权利的观点是愚蠢的。但是,如果一个国家对外国人不负有任何责任,那么人权的理念将失去意义。我们需要一种公民身份理论,以阐明和论证以下两者之间的区别:即哪些行为是一个国家可以为了或者针对它自己的成员去做或者不做的?哪些行为是这个国家必须为所有人去做的或者不可以去做的?此刻我尚且不能构建这样的理论,但可以初步勾勒它。

公民当然拥有独特的权利以参与政府管理:投票和任职。否则区分公民和外国人就没有意义。公民也可以拥有特殊的权利获得居住的好处:例如,当入境时有权进入该国,而可能被拒绝签证的外国人无此权利。政府对公民和其他居民负有关心和照顾的特殊责任,这种责任我在第四章中会涉及。一个国家经济政策的主要目标是使自己的居民获益,而且它会将福利和其他利益分配给自己的居民,而不会分配给住在其他国家的人。在所有这一切情形中,一个国家可以——在某种程度上也必须——差别对待,支持它自己的公民,也因此对非本国公民采取相反的态度。但是故意施加伤害与此不同,政府没有权力或威信出于各种理由,或在禁止伤害本国公民的同样情况下,去故意伤害外国人,当造成严重伤害时尤其不能这么做。人权的领域没有护照。

最后,那些想要捍卫布什政府的人可能会退一步说,它的羁押政策确实侵犯了囚犯的人权;但是仍可坚持认为,我们必须在他人的人权与我们自己免于恐怖、获得安全的权利之间谋求"平衡",为此当外国人构成的危险足够大的时候,我们可适当忽略外国人的权利。的确,人们经常说没有权利是绝对的,总有一些情况使政府有理由损害或忽视权利。那些伟大的人权宪章,包括《欧洲人权公约》在内都承认这一事实,它们为其列出的许多权利施加重要的限制:比如《欧洲人权公约》将言论自由列为基本人权,但随后补充道,政府在有必要保护公共秩序和道德的时候有权限制该权利。这些限制是政治妥协的结果,是为了使有些国家消除疑虑并加入该公约。但许多人似乎的确认为人权不是绝对的,并以此挑战我的以下主张,即人权是超过其他合法政府目标的有力王牌。

然而,在认为人权并非绝对的主张中存在着一个重要的模糊之处。有时,这意味着在一些文本中或在一个普通短语中,对一项权利的描述只是一种抽象;在我们确切了解其意思之前,必须在具体的语境中将其完善。我们说,言论自由是一种人权,但没有人会认为,对示威游行的时间和地点进行合理的限制便是侵犯人权。我们说言论自由是一项权利,但是我们应当给自己一个关于该权利内容的更准确的解释。例如,我们会决定,在表达政治观点时,不会由于这些观点本身是错误的或危险的而遭封杀是一项权利,这也解释了为什么对游行时间的限制是可以接受的。这便是说,一旦我们对人权问题确实是什么给予认真的解释,我们便不会再因宣称那种权利是绝对的,是不容侵犯的而感到尴尬。

然而,有时那种认为即使人权也并非绝对的主张,意味着一些更重要也更中肯的东西:即在足够严重的紧急状态下,政府有理由侵犯最基本和最重要的人权,即使对这些人权已做出明确规定。有一个常用的例子,人们或许对它耳熟能详,以至于见怪不怪。假定我们逮捕了一名恐怖分子,而且知道他在曼哈顿的某处埋下了一枚设定为两小时后爆炸的核弹。人们会说,如果我们认为刑讯将会迫使他交代炸弹的位置以便及时拆除,那么不对其使用刑讯将是愚蠢的。如果只是为了本次讨论,让我们现在接受这个观点:在像这样足够严重的紧急状态下,侵犯人权在道德上是允许的。那么我们的问题是:这种紧急状态必须有多么严重?

回想一下我们的前提。在第一章中,我曾说,当我们无视受害者人性的时候,我们不仅在伤害他,而且还在伤害我们自己。因为在玷污他的内在价值的同时,我们也玷污了我们自己的内在价值。我们放弃了我们的尊严和自尊(self-respect)。所以我们当然必须将紧急状态的围栏树立得非常高。我们不仅要提防,不能将"紧急状态"简单地界定为"巨大的危险",或者假定任何提高我们自身安全的行为,不论程度多么有限,都会因为这个理由而正当化。我们必须坚持另外一种的美德:那种关于勇气的老式美德。面对危险而牺牲自尊是一种特别可耻的怯懦。在我们国内的刑法和实践中,我们展现了勇气:当我们禁止防范性羁押,并坚持对每个被告人给予公正审判的时候,我们增加了每个人受到暴力犯罪侵害的统计性风险。当危险来自于国外的时候,我们必须展现类似的勇气,因为我们的尊严处在同样的危险中。

现在让我们来关注那个常用例子中的关键方面,这个例子的内容是关于启动隐藏在曼哈顿的核弹。危险是可怖而且确定的:我们知道,我们的受害者对该危险负有责任;而且我们认为,如果对他施加刑讯使他屈服便能够消除危险。但在关塔那摩和在全世界的其他基地,对我们不经起诉或审判的监禁政策而言,这些情况都不是真的。的确,我们正处于其他毁灭性打击的危险中。但是尚无理由认为,危险能够接近确定,或者我们对人权的侵犯会获得准确评估以结束或哪怕有效地减少危险。我们不分青红皂白将囚犯集中起来。我们失之过宽,将任何我们认为可能有危险或掌握有用信息的人都卷入其中。在外交和司法压力下,我们已经释放了一些在关塔那摩被关押数月的人。在所有情况下,我们都宣称现在确信没有必要关押这些囚犯。当然公众不知道审讯到目前为止获得了什么信息。但是在国内外,对我们的羁押政策的批评已经变得如此激烈,以至于我怀疑政府是否会作出更明确的解释,如果当时它能作出解释的话。

我曾提出过警告,我们正处于掉入陷阱的巨大危险中,这一陷阱就是以为任何能够改善美国安全的措施都是明智的政策,不管其效果是微不足道还是捕风捉影的。这使受惊吓的谨慎成为我们承认的唯一美德。这种观点认为,我们自己的安全是唯一重要的事情,而其意图和卑怯的偏见牺牲了勇气和尊严。我们不会在自己的生活中或自己的国内法中犯这样的错误,而且总的来说,恐怖主义带来的危险比毒品、连环杀手和其他犯罪带来的危险更加严重这一点也并非显而易见。但是现在,我们的尊严遭受的威胁无疑更为严重,而我们必须团结起来防范这种更严重的危险。如我所说,在权利和安全之间进行平衡的隐喻极具误导性。另一种隐喻会准确得多:我们必须在我们的安全与我们的荣誉之间进行平衡。难道现在我们如此惊恐,以至于荣誉不值一钱了吗?

第三章 宗教与尊严

一、政治与宗教

美国的宗教性并非什么新鲜议题,在建国之初,美国就已经成为一个宗教性国家——比欧洲人多得多的美国人相信来世、圣灵感孕、圣经的创世论和造人说。当然,伊斯兰国家也极具宗教性,而我们的反恐战争似乎经常是一种时代倒错的宗教战争。的确,布什曾经将反恐战争称为一场十字军东征。历史学家们因为何以宗教在这里如此重要而争论不休。现在有很多人认为,宗教之所以异乎寻常地繁荣,是因为美国没有像有些其他民主国家那样,有官方的或规定的宗教。官方教会吸收边缘教派,并倾向于泛基督教主义(ecumenism)而不是原教旨主义。由于没有官方教会,故而原教旨主义教派繁荣,而这些教派最有可能抱有某种政治谋划。

现在出现的新情况是,原教旨主义宗教在政治上好战、具有侵略性格,而且取得了显著的成功,而这也使美国人,乃至全世界的人都感到恐惧。过去宗教在美国政治中发挥着广受诟病的作用,但1960年约翰·肯尼迪赢得大选之

53 后——在他之前没有天主教徒被选为总统——党派利用宗教似乎成了禁忌。然而,自里根时代以来,这一禁忌开始消散,现在似乎已消失殆尽。罗马天主教徒和福音派牧师公开表示希望约翰·克里落选,还有一群主教声称,应将任何投票支持克里的天主教徒逐出教会。在布什的竞选活动中处处提及上帝,而他的第二次就职演说以表达明确的宗教信仰而震惊了世界。

福音派社群为布什的胜利而邀功,并要求他回报自己的努力。尊敬的牧师鲍勃·琼斯三世(Bob Jones Ⅲ)——鲍勃·琼斯大学的主席——便是一个极端例子,他那凯旋高奏的腔调很具有代表性。在写给小给什的信中,他说"在你再次当选的过程中,上帝慷慨地赐予美国暂时脱离异教阴谋的机会,尽管她不配得到这种恩赐。你已被授予一项任务……将你的谋划置于火炉并让它沸腾。你不欠自由主义者任何东西。他们鄙视你是因为他们蔑视你的基督"。[1]

目前还不清楚,这位尊敬的牧师声称这次当选赐予小布什一项任务,去使基督教政府重生是否正确;值得怀疑的是,有多少人主要基于宗教背景而投票支持小布什。一项被广泛引用的民调表明,对很多小布什的支持者来说,最重要的议题是民调分类为"道德价值观"的东西,而很多评论家认定这便是宗教价值。但"道德价值观"是一种非常模糊的说法,而且其他评论家认为,小布什之所以勉强获胜,主要是因为他对恐怖分子采取强硬态度。我们尚不知道真实情况,可能永远也不会知道。不过,宗教在大选中的确扮演了重要的角色,而且雄心勃勃的政治家——不论是民主党人还是共和党人显然都会利用宗教主张和修辞,其直率程度要比其他类似的民主和经济成熟的国家所能容忍的更加强烈。[2]

54 全国各地的父母和学校董事会都在向教师施压,让他们的学生了解

---

〔1〕鲍勃·琼斯三世从大学退休,http://www.msnbc.msn.com/id/6850482/from/RL.5/.

〔2〕参见 Joseph Loconte, "Isaiah Was a Democrat," *International Herald Tribune*, January 3, 2006.

达尔文进化论的替代物,如所谓的智慧设计论(intelligent design theory),一位由布什总统提名的联邦法官宣布它为一种变相的基督教宗教教育。当佛罗里达的法官们裁定,特丽·夏沃(Terri Schiavo)——一个数月以来维持植物人状态的年轻妇女——可以终止维持其生命时,政治家们宣称这些法官正在挑战上帝的意志。国会试图干预这件事,而时任共和党在众议院的多数派领袖,后来遭到数项犯罪指控的汤姆·德雷(Tom DeLay)炮制了一番麻木不仁的论调,令人目瞪口呆。他说上帝将她的痛苦施与这个国家,"以帮助提高这件正发生在美国的事情的知名度。"[3]并非每个信奉宗教的人都会加入这种政治狂信的匆促行事,约翰·丹福斯(John Danforth)是一位基督教牧师,他曾担任密苏里州共和党参议员八年之久,而且在一段时间内曾担任过小布什的驻联合国大使。他最近说,共和党"竟然采纳了一种宗派谋划,以至于它已经变成宗教运动的政治延伸"。"作为一名参议员",他继续说道:"我为联邦赤字的规模而每日忧心。我却不会花一点点时间去操心婚姻制度对同性恋者产生的影响,而今情况似乎正好相反。"[4]但是罕有活跃的政治家曾对丹福斯所哀叹的现象表示过反对。

在将福音主义转化为更有力的政治力量的过程中,堕胎发挥了重要作用。长期以来,福音主义已经成为美国大部分地区中强大的社会力量。最高法院在1973年的罗伊诉韦德案(Roe v. Wade)的判决中,将宗教权利界定为这样的问题:它的成员视其具有极端的重要性,它能够把一个迄今为止异质的少数群体组织成为一场强大的政治运动。堕胎问题的出现将其他议题也扰动起来:干细胞研究本身是一个不那么引人注目的问题,但关于堕胎的争论有如此强烈的意识形态色彩,以至于所谓的反堕胎运动不得不谴责任何利用胎儿组织的行为,即使这种行为可望大规模地救助

---

[3] "How Family's Cause Reached the Halls of Congress," *New York Times*, March 22, 2005, section A, p.1.

[4] John Danforth, "In the Name of Politics," *New York Times*, March 30, 2005, section A, p.17.

生命。2004年,在这些极具刺激性的议题中又增加了同性婚姻。同性者之间的婚姻奇观令许多人心中作呕,而马萨诸塞州最高法院说无法阻挡这种情况。这对那些相信他们的罪恶将得到宗教制裁的人而言,特别令人震惊。

这两个议题——堕胎和同性婚姻,已经成为最具吸引力的磁体,将福音主义卷入了政治。但是这些议题引发了远为广泛的衍生后果,而宗教保守派现在似乎只以将基督教吸收进入美国公共生活作为目标。然而,我们并没有作出任何努力去建构一种真正的论辩,以应对这些进展。宗教自由的那些宣告并未尝试吸引那些不分享该信念的人,他们是公然的神学派。这场论辩的自由主义一方也同样变成天启式(apocalyptic)的。在2004年总统大选之后两天,盖瑞·威尔斯(Garry Wills)在《纽约时报》发表了一篇名为"启蒙熄灭的日子"的文章,将布什的原教旨主义式竞选称为一场"圣战"(jihad)。[5]

二、两种模式

这种将我们分化开来的观点分歧,并非在于宗教的真相或在于任何信仰的教义。很多为宗教右翼的计划和策略所震惊的人,像丹福斯这样,都是虔诚的。冲突超越了宗教在政治、宗教和公共生活中应当扮演的角色。我们如何才能够建构一种真正的论辩,而不只是在这个问题上继续一场狂热的对抗呢?

我们可能要尝试通过逐个探讨这些问题来做到这一点。应当禁止堕胎和干细胞研究吗?同性婚姻应获承认吗?当美国民众对是否存在神,以及如果存在神的话,他(她或它)的意志是什么抱有不同意见的时候,我们的政治领导人求助于神并用神的意志来论证其政策是可以接受的吗?在公共学校应当要求或允许祈祷吗?我们的效忠宣誓应当提到"上帝之

---

[5] *New York Times*, November 4, 2004, section A, p. 25.

下的国家"吗？当我们知道教育券会被主要用于支持教会学校时，政府应当发行这种教育券，让父母可以用来将孩子送到私立学校而非公立学校吗？应当允许城市和乡村在公共财产上展示如圣诞树和犹太烛台(menorah)这样的宗教象征物吗？应当允许法官在他的法庭悬挂写有十诫的牌匾吗？在我们的公立学校应当讲授达尔文和宇宙学上的大爆炸理论吗？如果应当讲授这些内容的话，也应当要求教师对学生讲，也有一些卓越的科学家反对这些理论；而且他们相信，有非常科学的证据证明一个有智慧的创造者设计了宇宙和人类吗？当宗教要求或禁止某种行为，而法律作出相反规定的时候，应当给予信仰这种宗教的人以一般义务上的豁免吗？一位憎恨战争的无神论者能够作一个拒服兵役者吗？当佩奥特掌(peyote)是一种致幻药而被法律禁止使用时，应当使那些在宗教仪式中使用该植物的印第安部落免于法律约束吗？应当允许医生合法地结束长期处于植物人状态的人的生命吗？应当允许他们合法地帮助一些身患绝症和遭受巨大痛苦的人自杀吗？这只是我们现在辩论的关于宗教与政治议题的部分清单，而这份清单很快也会过时。我们不知道，明天关于教会与国家的前沿问题将会是什么。

我们可以依次来探讨这些问题，并努力预测其他问题。实际上，接下来我将探讨其中的一部分。不过，首先区分两种南辕北辙的界定一般问题的态度，亦即两种我们可以作为理想类型以依次处理更多具体问题的模式，将更具有启发性。美国民众在一项极为重要的原则上意见一致：我们的政府必须包容所有和平的宗教信仰，以及所有没有信仰的人。但是我们的宽容赖以生长的土壤应当是什么？我们应当成为一个整体致力于信仰和崇拜之价值，但能容忍包括无信仰者在内的宗教少数群体的宗教国家吗？或者我们是否应当致力于成为彻底的世俗政府，但是能够容忍和包容抱有宗教信仰的人呢？是一个包容无信仰者的宗教国家，还是一个包容宗教的世俗国家？实际上，一个国家可能很好地在这两种模式之间妥协，从两者之间分别借鉴一些制度和规则。的确，美国的实践现在恰恰反映了这两种模式的混合。但这两种模式又反映出截然相反的政治道德原则。而尽管我们可能为现实政治所迫而在两者之间制造某种妥协，但任何关于在政府和公共生活中宗教地位的严肃论点，最后一定会演变为一场关乎这些竞争性理念之间的论战。

以色列已经选择成为一个宽容的宗教国家。它有官方宗教——犹太教，不过在原则上提供了所有信仰的宗教自由。法国有着牧师与雅各宾党人的复杂背景，而它坚定地选择了第二种模式：一个宽容的世俗国家。法国总统希拉克参加了教皇约翰·保罗二世的葬礼并让法国降半旗，但为此他在法国遭到严厉的批判。英国的情况更加复杂，不过它也强烈地倾向于第二种模式，至少在实践中如此。我想，它之所以建立教会，更多是为了表达对传统和礼仪的珍爱，而不是为了表达任何真正共享的国家性宗教承诺。而且对一位首相而言，宣称宗教对国家政策具有权威将是令人震惊的——在政治上则是致命的。当数十年前，我们的公民课教师骄傲地援引杰弗逊关于教会与国家之间隔离墙的格言，而最高法院将祈祷仪式请出校园的时候，坚持自由主义的美国人认为，他们的国家也已选择成为一个宽容的世俗国家。但是，最近政治上的成功使宗教右翼大胆尝试将美国转变成为一个宽容的宗教国家。

我们必须明确，在这种选择中何者利害攸关，而这至少在开始的时候会有助于我们运用为美国宪法学者所喜爱的区分。我们的第一修正案禁止政府确立国教，而它进一步要求政府确保"与此相关的"信教自由。学者将这些看做相互独立的，实际有时会相互对立的要求。设立国教是指对宗教的国家认可或赞助，而信教自由是指宗教实践的个人自由。我们可以从这两个维度来对比这两种模式。

三、设 立 国 教

一种宽容的宗教视角将政府不得设立国教的要求解释为，不得建立任何一种使公民将其作为国教而从属的抽象信仰。它绝不能接受天主教、犹太教或浸信会派别成为国家信仰。但是，一个宽容的宗教国家不会像正式的国家政策一样公开承认和支持宗教。它宣称宗教在改善人民和社会的过程中是一股重要的客观力量,它赞美一种广义的一神教。因此一个宽容的宗教社会,能毫不尴尬地在其官方宣誓中诉诸单一的神明。相反,它会将省略这种诉诸视为不爱国。它也不会因直接诉诸那个神明的意志来论证政治政策而感到尴尬,正像小布什在其第二任期的就职演说中说的那样,他正在通过在海外保障自由的方式来为自由的"主宰"服务。(我想,他并非意指约翰·斯图亚特·密尔。)一个宽容的宗教社会将只会接受一种理由,去削减它在言论上和经济上对宗教的支持——保护非国教派信徒和无信仰者的自由。它不会禁止或处罚任何其他信仰或无神论者的实践,但它会毫不畏缩地宣称无信仰者已深深地陷入迷途,而这是该国公开的公共信念。

在一个宽容的世俗国家,国家也必须宽容宗教。它不能使哪怕是原教旨主义宗教的和平活动变为非法,它不会正式给予无神论比宗教更多的承诺。如果可能的话,在关于是否存在一个神明或若干神明,以及何种宗教最佳等议题上,它也会保持集体中立。在官方仪式和政策陈述中,它绝不会忍受任何宗教或反宗教的参照或影射。相反,它会采取谨慎措施,将其爱国宣誓、效忠和庆典活动与任何宗教或反宗教内容隔离开。当然,它不会取缔圣诞树或者犹太烛台,但也不会在公共财产上安装它们或允许它们存在。它不会对有信仰的人课以超过无神论者的惩罚,它不会在公共服务的提供上歧视任何群体。但它会对那些可以特别使宗教组织获益的国家计划保持谨慎,比如提供一般教育券这样会使父母用来支付教会学校费用的决策。它会遵循一些宪法学者称为"雷蒙标准"(the Lemon test)的规则,因为最高法院在同名案件中宣告了这项规则。该标准禁止任何国家计划倾向于或起到增加宗教组织特定利益的作用。大法官奥康纳以如下方式阐述了这项标准的第二部分:"贯穿雷蒙标准的影响应正确解释为,并不要求政府行为仅仅因为以下理由而无效,即哪怕作为一种主要的影响,它实际上导致对宗教的促进或压制……问题的关键是政府行为没有表达出一种政府赞同或反对宗教的信息。"[6]

通过聚焦于关于公共学校祈祷仪式这一具有潜在分裂性的议题,我们可能会使两种模式之间的对立变得更加清晰。在一个宽容的宗教共同体,教师带领学生进行祈祷在原则上不会遭到禁止。当然这样的祈祷式必须设计得尽可能具有普遍性——我每日在学校背诵的主祈文便很合适。不过,一个宽容的宗教国家必须保持谨慎,不能强迫儿童背诵哪怕是如此具有普遍性的主祷文,因为国家必须赋予他们完全拒绝宗教的自由。或许,只要允许做出以上选择的孩子坐下并保持沉默,便可以保障他们免于强迫;但或许这点也做不到,孩子可能会因此不情愿地把自己视为异类,并被迫背诵他们不相信的主祈文。在宽容的宗教国家,最终是否允许祈祷式进入公立学校,这将依赖于如何解决这个实证心理学问题。[7]

而在一个宽容的世俗国家,这一实证问题就变得毫不相干。将任何像公立学校这样的国家机构作为任何宗教活动的场所,在原则上都是错误的。当然,宽容的世俗国家允许在公立学校讲授宗教知识;如果没有关于以下内容的讲授,则普通教育是难以令人满意的,这些内容包括主要宗教传统的学说和差别,宗教划分的历史,以及关于宗教在公共生活中扮演角色的当代争议。不过,宽容的世俗社会不会允许其机构被用于从事有别于学习的宗教实践。

四、信教自由

既然我们的两种共同体模式都对所有的宗教活动,包括无宗教信仰的活动持宽容态度,我们或许会以为,它们在信教自由的范围上没有分歧。但实际上,它们在这项自由的内容或至少在其前提上,都存在深刻的分歧。两种模式都不会给任何宗教的和平活动施加禁令。但是,如要确

---

[6] *Lynch v. Donnelly*, 465 U. S. 668 (1984).

[7] 参见在 *Abington School District v. Schempp* 案中波特·斯图尔特大法官(Justice Potter Stewart)提出的反对意见。*Abington School District v. Schempp*, 374. U. S. 2003 (1963).

定一项权利属于信教自由,就至少需要为该项权利的起源和基础问题给出一种粗略的描述,而这两种共同体在这一点上必定互不赞同。那些支持宽容的宗教社会的人也许会宣称,信教的权利乃自成一格,它是反映出宗教特殊重要性的一种权利。他们因此会总想对这项权利抱有一种非常狭隘的观点:它只包容崇拜一个超自然存在的自由,而对该存在只有一种描述,而不能有其他的描述。或者只能存在于一个致力于该崇拜的教会中的自由,而不能有其他的教会,也有断然拒绝任何这种创造的存在和重要性的自由。这样对信教自由的理解,便不会认为从中能够得出任何其他的一般性权利。它不会主张存在一种一般性权利,它能够为自己去决定关于基本伦理重要性的问题:比如进行堕胎的权利,在免于任何特定惩罚的条件下实践同性恋的权利,从事干细胞研究的权利,患不治之症或长期处于痛苦之境时结束自我生命的权利。实际上,一个宽容的宗教社会可能会基于明确的宗教理由禁止或惩罚所有这样的行为:比如,它可能会因为同性恋违逆上帝意志而将其处刑,就如所有一神论的宗教传统所公认的那样。即使这些禁令是以宗教的方式获得其正当性,它们也不会侵害信教自由——因为对一个宽容的宗教社会来说,我们正在谈论的这些活动根本就不算宗教活动。

然而,一个宽容的世俗社会不能接受对信教自由之基础如此狭窄的解释。尽管一个宽容的宗教社会能够在宗教的特殊价值之内找到论证此种权利的特殊方式,但一个宽容的世俗社会却不能如此。因为作为一个共同体,它无法将任何特殊的价值依托于作为一种现象的宗教。它深知在其成员中,很多人十分重视他们选择自己的宗教承诺和生活的自由,而且当然它极希望尊重这个信念。但众所周知的是,其他成员也会以同等的重视去做出生活方式的其他选择——例如,关于性取向或生殖——而这反映出他们关于好的生活方式的不同信念。因此在这种社会,对信教民众或宗教活动给予特殊保护的任何自由选择权,都会被当作偏向他们的歧视。因为这将限制其他人的选择自由,对他们而言,这种自由反应了与信教民众的宗教价值同样具有伦理品格和功能的价值。因此一个宽容的世俗共同体,必须在更基本的自由原则中为信教自由找到正当性,而这在价值领域会产生一种更具普遍性的观念,从中人们必须获得进行自我选择的自由。这就是说,它必须将信教自由看做道德自由这一更普遍权利的情况之一,而不是仅将它视为宗教性的自由。

在第一章中,当我试图阐释人类尊严的第二原则时,提出了关于伦理和其他价值之间区分的概述:伦理价值是那些确定人类生命为何具有独特而内在的价值,以及在特定生活中如何最好地实现该价值的东西。因为如此,东正教的宗教信仰显然是伦理价值,而在一个包容伦理自由之权利的宽容的世俗社会,它显然会保障东正教的宗教活动自由。但它不会将伦理价值的范围限定为东正教;没有理由在崇奉东正教的信仰自由的同时,却不崇奉在所有伦理问题上的选择自由,以及崇奉因此显然蕴含在关于性行为、婚姻和生殖等决定中的伦理价值的选择自由。

五、我们当下的立场是什么?

美国宪法提供了哪种模式?宗教保守主义者通过复述这样的故事来回答该问题。美国曾是作为一个宽容的宗教社会被建立起来的,并一直如此直到"二战"之后。当时,非民选的法官们决定违反多数美国民众明显的愿望,将这个国家转变成为一个宽容的世俗国家。因此现在开始兴起的,以清除那些非民选法官的所为为目标的宗教政治运动并非具有革命性,而只是一种试图将宗教恢复到它在美国社会和政府中所应处的历史位置的行动。这段历史并不荒谬。在1931年,最高法院能够宣布"我们是基督的子民"[8];而迟至1952年,人们普遍视作最高法院历史上最著名的自由派法官之一的威廉·O.道格拉斯大法官宣称:"我们是一群信奉基督的人,我们的制度预设有一个上帝存在。"[9]后来出现了一些被

---

[8] *United States v. Macintosh*, 283 U.S. 605 (1931). Gingrich, *Winning the Future*, ix, 69.

[9] *Zorach v. Clauson*, 343 U.S. 306 (1952).

宗教保守主义者视为敌视宗教的判决:在 1962 年,最高法院以国家没有合法义务促进宗教为理由禁止公立学校的祈祷式便是其例[10]——这是宽容的世俗模式所特有的。

当然,尤其是在最近,宽容的宗教立场在最高法院也获得强大的支持。安东尼·肯尼迪大法官在针对支持和引用雷蒙标准的一次最高法院判决的反对意见中发表了这种见解,他说:"(宪法)并非要求政府避免任何承认或支持宗教的行动,而是赋予政府一定的空间去承认和包容宗教在我们的社会中扮演的核心角色。"[11] 他明确拒绝了那种认为政府必须禁止从事任何使非宗教信仰者感觉被排除在外的活动的观点。他指出,我们的效忠誓词包括诉诸上帝;而且他说,那种认为"每当一个美国同伴"背诵那句话时,无神论者会觉得"自己不像这个政治共同体的成员"的观点"接近于诡辩"。他说,宪法只是要求政府实际上不得强迫公民从事任何宗教宣告或遵守任何宗教惯例,并且不得建立国教。这是对宽容的宗教国家模式的一种极端表述,但它或许准确地表达了多数法官现在持有的立场。

从很多其他令人感到琐碎的方面来看,我们似乎更接近于一个宽容的宗教国家,而非宽容的世俗国家。我们的货币表达了对上帝的集体信仰,政府的重要机构都以祈祷式开始它们的程序;而且,如果在任何时候需要作出判决的话,没有几个评论家预期最高法院会宣布在宣誓效忠中称引上帝的做法违宪。人们普遍认为,这些实践只不过是仪式性的,惯例性的呢喃而已,就像话务员祝你度过愉快的一天。但是我想,如果最高法院最终无法以现有的形式保持这种宣誓的话,将激起众怒,而这说明这种对上帝的官方祈祷具有象征意义,而非陈腐和微不足道。这些仪式向信教的公民保证,他们并非生活在一个在根本上是世俗的社会,在此种社会即使官方对上帝非正式的称引也是禁止的。

---

[10] *Engel v. Vitale* 370 U. S. 421 (1962).
[11] *Allegheny County v. ACLU*, 492 U. S. 573 (1989),肯尼迪大法官的反对意见。

六、宗教与狭隘的政治自由主义

因此,自由主义者无法充满信心地宣称世俗模式是美国的历史模式。但我们必须尝试设计一种基于原则而非基于历史的辩论。有一段时间,美国很多自由主义的学院派哲学家,试图将他们关于政治政策的讨论与伦理与道德哲学中更普遍的议题——尤其是神学议题——隔绝开来。这种策略是基于一种具有吸引力的希望:生活在共同体中的理性民众希望以互相尊重和包容为条件来共同生活,并因此接受著名哲学家罗尔斯所谓的公共理性的约束。[12] 他们会承认,必须以每个人能够理解的方式为集体的政治决定提供理由,并且每个人都乐于为自己广泛的宗教、道德和伦理信念赋予力量。在一个部分成员拒绝所有宗教的共同体内,这种约束甚至将排除对一种普世宗教的主张。它将主张一个宽容的世俗国家。因此我们或许应当围绕以下问题设计我们的辩论,即我们是否应当全部接受公共理性的此种约束。

然而,罗尔斯自己也描述了他这一目标的弱点。"对那些有信仰的人来说……即使他们的整个教义可能无法繁荣昌盛,甚至会衰落,他们也会去赞同宪法制度……这如何可能?"[13] 我们必须站在这种人的立场上看待这个问题。很多宗教保守主义者认为,上帝对美国卓越的成功和好运承担着责任,而且拒绝对上帝虔诚地表示敬意是邪恶且危险的。纽特·金瑞奇宣布,"我们必须重新确信,我们的权利来自造物主,而一个将上帝逐出公共领域的美国将是一个正在走向衰落和失败的美国。"[14] 坚持这种观点的美国人,无法将这些宗教信仰与他们的政治原则分开。他们的宗教信仰便是政治原则。他们无法接受将私下的遵从作为对宗教公开支持的替代品;他们希望不仅将他们的神明作为私人的崇拜对象来礼赞,更

---

[12] 参见我在 *Justice in Robes* 第九章中关于罗尔斯的公共理性概念的讨论。
[13] John Rawls, *Collected Papers* (Harvard University Press, 1997), 588-89.
[14] Gingrich, *Winning the Future*, xxi.

是作为公民的崇拜对象来礼赞。他们希望将其信仰注入他们的爱国主义之中,以此将两种承诺合二为一。他们似乎对接受这样一种原则不感兴趣,该原则让他们将那种先验的雄心放在一边,尊重那些并不共享他们的宗教信仰的人。他们认为这种人犯下严重的错误,而这种错误是故意的。他们不相信宗教对无神论者是不可接受的,或者不相信他们承认的神明拒绝将慈悲赐予这些人,他们宁愿相信这些无神论者顽固地拒绝向真相敞开心扉。他们凭什么要放弃对其信仰的深切抱负,而只是为了满足那些固执己见的人呢?

而且,让有宗教信仰的民众乐于将其信仰与政治生活脱钩殊非易事,即使对他们而言这不无可能。马丁·路德·金曾是一个有宗教信仰的人,而他却援引自己宗教信仰去极力谴责偏见;作为牧师发言的天主教神父,在拉丁美洲和其他地方也已成为争取社会正义的先锋战士。而无论如何,如果自由主义者们想要求宗教信徒在扮演公民角色时将他们的宗教信仰放在一边,那将难以获得成功。这一角色要求诚恳和忠实,而对这些人来讲,只有内心铭记宗教信仰,诚恳和忠实才是可能的。美国的宗教分裂表明,罗尔斯政治自由主义计划,他的将政治信念与深层次的道德、伦理和宗教信仰进行隔绝这一策略的有限性。

我们的计划必须与此不同。我们决不能将人们最深沉的信念从政治辩论中剥离出来。相反,必须尝试在公民社会实现一种关于这些深沉信念的真正辩论。自由主义者必须努力向宗教保守主义者表明,他们现在将宗教和政治融合的野心是错误的,因为这否定了他们也引以为其信仰之一部分的基本原则。保守主义者一定会向自由主义者表明他们的判断是错误的。我在第一章中说,我们基本上都接受人类尊严的第二原则,该原则要求每个人对自己的伦理信念包括宗教信念承担个人责任。处在美国蓬勃发展的宗教传统之中的人们,此刻在他们信仰的语境中接受了这一原则,并实际上坚持了这一原则。请记住,这项原则的意旨并非在于阻止文化和家庭传统的影响,而这些文化与传统建立在人们宗教选择基础上。如果这样,该原则将变得毫无意义。它也并不禁止通过信仰、启示或未经辩论环节的对神性的直接感知来达到某种确信。它只是防止我们屈从于别人,而这些人意图为了我们或迫使我们对宗教信仰作出理性的选择。

信教的和世俗的美国人,都会承认拒绝屈从的责任;他们的信仰必须是一种内在的崇奉,而不是外在的强加。因此我们可以围绕这个问题来设计一种论辩:那些理解并接受此种责任的人,能够永远希望建立一个宗教国家,甚至是一个宽容的宗教国家吗?这个问题关涉到如何最好地解释我们作为共识所分享的原则。在以下章节中,我将探讨该问题的一种答案:个人责任原则要求一种宽容的世俗国家,而排斥宽容的宗教国家。我并不认为我的观点能够说服许多那些开始便不赞同这种主张的人。但我确实希望,这会刺激他们去解释,为什么他们认为我的观点是失败的;然后建构一种对该原则的不同理解,一种能够支持与我的观点有不同结论的理解。

七、为什么要宗教信仰自由?

美国应当成为一个宽容的宗教国家还是一个宽容的世俗国家,如果这个问题要由追问大多数美国人是否具有宗教信仰来决定,那么结论将倒向前者。绝大多数美国人都接受某种形式的一神教信仰,其中绝大部分是基督徒。但我现在也假定,绝大部分美国人也接受我所描述的个人责任原则。那些自觉接受该项原则的人坚持认为,他们需要有实践这种责任的自由,他们坚持保护这种自由的法律权利。为我们的两种模式所承认的宗教信仰自由的权利便是这样的权利,它保护人们发现其生命价值的责任。但正如我所说,在关于将宗教信仰自由权解释得多么广泛,以及关于他们对国家设立国教的观点这些问题上,两种模式存在着差异。在这些解释中,哪种解释在一个多数公民信奉宗教的国家更能够适应个人责任原则的要求呢?

我们必须探讨自由权,而且必须首先理清我的词汇表。我应当用"自由权"(Liberty)这个词来描述这样一套权利,这套权利要求政府应当设立并保护正确理解的个人伦理责任。我应当以较中性的方式使用"自由"(freedom)这个词,因此一旦政府阻止某人按照其意愿行动,那么它便限制了他的自由。根据这种界定,自由便不是一种政治价值。当我被禁止绑架你的孩子时,这没什么好遗憾的——我没有受到错误的对待,甚至这可能是必要和有理的。但自由权就像我所定义的那样,理所当然是一种政治价值;它界定了自由的领域,如果政府限制或侵犯该领域便犯了错误。这便是我们现在必须探讨的价值。

我们正在进行对比的两种模式,互不赞成对方关于宗教信仰自由的广度与深度的观点。宽容的宗教模式预设了一种关于宗教信仰自由的狭义概念,例如它不包括选择堕胎或同性结婚的权利。宽容的世俗模式则坚持一种更为广义的概念,它包括做出以上选择的权利。这些是关于自由权的彼此竞争的理论。在一个绝大多数人相信神明的国度,哪种理论更加合适呢?

之前我说过,那些支持宽容的宗教模式的人,可能会通过以下方式来捍卫他们关于宗教自由的狭义概念:即坚持主张宗教是特殊的,因此需要一种无须参照其他活动的特殊保护。然而实际上,更为审慎的研究表明,这种捍卫方式对他们是不可实现的。因为他们要将宗教信仰自由扩大到无神论者和信众,那么他们就需要一种更普遍的自由权理论去为这种扩展辩护。在18世纪,那些缔造美国的政治家们有非常现实的理由去保护宗教异见。以下故事乃人所共知:16世纪和17世纪在欧洲发生的可怕的宗教战争,暴露出强制性的宗教正统论带来的悲剧性后果,而宗教自由是阻止内战和屠杀最好的、或许也是唯一的办法。我们的建国者们特别了解宗教的血腥历史:宗教异见不仅有助于调停一些美洲殖民地之间的关系,而且也是它们之间产生分裂甚至滋生暴力的根源。但这种解释无法论证我们现在对宽容无神论甚或边缘性宗教的宽容。在当下的美国和其他成熟的民主国家,政治稳定要比17世纪的欧洲重要得多。如果我们在美国取缔了伊斯兰教,就可能会激起一场恐怖主义的风暴;但我们几乎不会因拒绝耶和华见证人（Jehovah's Witnesses）的礼拜或集会，或者拒绝慕牧师（the Reverend Moon）的信徒而感到恐惧，甚至假如我们要求无神论者的子女在学校起立并背诵主祷文，也不会有多么的恐惧。

但不管怎样，那些接近宽容的宗教模式的民众认为，赋予每个人——包括无神论者——以宗教自由是原则问题，而不仅仅是明智决策的问题。其中的一些人认为，这种自由本身是一种神学要求：比如，约翰·洛克便坚持认为强制性改宗对上帝毫无用处，而作为宪法第一修正案的宗教条款前身的弗吉尼亚宗教自由法案规定，所有试图强加宗教信仰的行为"都是对我们宗教神圣主宰的计划的背离"。但即使多数信教的美国人抱有这种立场，这也无法解释，为什么他们会认为，政府像其他国家所做的那样，建立教会并给予其经济支持是错误的。最后，他们可能会说，因为别的理由使宗教是特殊的，而且需要的特别保护：对很多人来说，宗教仪式是一种非常重要的超验体验，并借此感受他们内在的拯救或诅咒。因为他们相信确实如此，故而对宗教活动的任何限制都会特别严重地伤害他们。但显然无神论者不相信这种东西。

鉴于现在这种宽容的宗教立场在美国得到维护，所以我们一旦认真考虑这种立场的细节就会发现：它必须依靠一种更普遍的自由权理论，去解释为何它会如其所是那样的宽容。我们很难诉诸宗教的重要性和价值，来为这种水平的宽容辩护。这是一个很重要的结论，因为这意味着两种模式之间的论辩必须在更普遍的哲学层面上来进行。如果两大进路中的每一种都必须诉诸某种更普遍的自由权概念，那么我们便可以通过思考自由权实际是什么这个哲学问题来澄清它们之间的争论。

八、自由权的结构

如我所言，自由权并非只是自由。没有人能有权完全如愿地生活，没有人有权过从事暴力、盗窃、野蛮行为或谋杀的生活。政府限制民众的自由，不仅为了保护其他人的自由和安全，而且在其他方面也有类似的考虑。赋税也限制了我随心所欲生活的权力,如果政府允许我填满钱包,并让它保持充盈,我便能够将更多有价值的事物纳入生活。但是,我们不会将赋税看做对自由权的限制,至少多数人不会这么看。有时,缴税看起来确实是对自我尊重的一种侮辱:例如,对梭罗(Henry David Thoreau)而言便是这种情况,因为他强烈反对政府使用税收的方式。但是,我们多数人在多数时间里,都不会将缴税视为一种侮辱,或是一种对我们选择自我价值之力量的蔑视。我们应当如何澄清个人责任原则和它所要求的自由权,以便界定这些根据个人偏好的价值体系去决定的权利的重要界限呢?

我提出以下的初步构想:自由权是以那种理所当然属于你的才智,去从事你所想做之事的权利。[15] 在我宣布拥有一项权利,从而以任何特定方式塑造自己的生活时,我必须决定什么理所当然地属于我。在倒霉的日子里,我不能主张一种像匈奴王阿提拉(Attila the Hun)那样生活的权利,因为我不能主张,你的生命和财产可以任我处置。如果我们接受对自由权的这种描述,我们就必须也接受以下内容:如果政府有合理的分配性(distributive)理由去限制自由时,政府的行为不会破坏自由权。分配的正当性追求某种理论,这种理论涉及对共同体整体拥有的资源和机会进行公平分配。法律禁止损害人身或财产是分配性的,因为它预设了一种财产理论以及对财产的尊重,这是一种分配性事务。税法也是分配性的,因为它假定某种关于谁应当承担,以及以何种比例承担社会成本的理论,包括因市场经济紊乱带来非正义而提供救济所花费的成本。当然,如果规则假定的分配正义不合理,那么它便无法证明自己是分配性的。不公平的赋税会危害到自由权,但公平的赋税不会。

自由权的概念假定,只有在由各种正确的分配性规则和约束所允许

---

[15] 我的提法与当代多数政治哲学理论的主张相悖,因为它将其他哲学家喜欢彼此分开的不同的价值整合在一起,将自由权的范围建立在其他价值的基础上,包括分配正义的那些内容。参见本书第五章中对民主的讨论。在 *Justice in Robes* 一书中我捍卫了我的以下观点:我认为不能独立地理解各种政治价值。前述参见 *Justice in Robes*, chapter 6, 而在更哲学化的层面上对这个问题的论述,参见 *Justice for Hedgehogs*。

的空间内，人们才拥有做出选择并依照其价值观生活的权利。这来自于我在第一章中所提及的重要的制约因素：如果我们接受人类尊严的两个原则，就必须通过其中一个原则来照亮另一个原则。如果我全部接受以下观点——每个生命都具有平等的内在价值，每个人对自己的生活都和我一样承担着同样的个人责任，那么这些假定就必须构成我的关于自身责任的定义。我必须界定这种责任，以便与其他人之间的同样责任彼此兼容，因为他们的生活与我的生活具有同等重要性。因此，我不能将适当的分配性约束当作是为了我自己的生活而放弃个人责任，这种约束乃是在那些不同的生命中分配资源。我必须将它们视为有助于确定什么是我的个人责任。

但我们现在必须在以下二者之间做出区分：一种是为了限制人们自由的分配性理由在原则上是可以接受的；而另一种是我打算提出的另外一种形式的理由——一种个人判断性（*personally judgmental*）的理由追求或预设了这样一种理论，即对于那些如此生活的人来说，关于何种生活具有内在之善或内在之恶的理论。任何通过证明鸡奸这种性行为不具有道德性，或以卑劣的方式来使鸡奸成为非法的理由都是个人判断性的。个人判断性的理由必须逐个与非个人判断性的理由区别开，非个人性的理由追求某种非个人目标或事态的内在价值，而不是特定生活方式的内在价值。如果政府限制木材公司的自由以保护大森林，它依赖是非个人判断性的理由，即这些森林是自然资源。

个人责任原则区分这两种判断性理由，因为它仅坚持主张，人们对它们自己的伦理价值承担责任。也就是说，人们对他们自己关于自身生命何以具有内在重要性，以及何种生活能够为之最好地实现这种价值的信念承担责任。这并未赋予他们脱离保护非个人价值的法律的那种豁免权，例如这些价值包括对自然资源或艺术财富的保护。因此，当政府采纳区划方案以保护城市某部分的建筑或历史完整性的时候，或当它使用通过赋税累积的公共资金去资助博物馆的时候，它没有违背这个原则。当然，并非每个非个人判断性理由都是可以接受的：任何人的自由都不应仅仅为了保护一种无价值的建筑风格,或一片普通的树丛而遭到剥夺。非个人判断性理由也必须尊重适当的分配性理由:政府应当选择特定的保护方法,从而能够对保护资源的负担予以公平分配。例如,通过保护性区划来维护某些邻近地区的建筑完整性这一举措,只有在它为其他地方的激进建筑表达方式留有机会的条件下才具有一般合法性。

在限制自由的个人和非个人的判断性理由之间做出区分,这对保障自由权来说极为关键。我们必须区别以下两种法律,一种是通过篡夺个人对自身伦理价值所负有之个人责任的方式来践踏关于尊严的法律,一种是那些落实一个共同体必要的集体责任,以界定和保护非伦理性价值的法律。我们可以将宗教和其他伦理价值划归个人判断或良知,但我们只能共同保护我们的艺术环境。然而在有些情况下,这种必不可少的区分也是难以捉摸的。最高法院已经数度尝试划分二者。它曾就一个主张所有战争都是错误的无神论者是否具有某种"宗教"信仰,从而赋予他拒服兵役者的地位来作出判决。法院作出判决,认为这取决于该无神论者的信念"在其主张者的生命中所占据的地位,是否与明确具有豁免资格的人所具有的正统上帝信仰在其内心中的地位相当"。[16] 在法院关于凯西(Casey)案的判决中,法院再次确认了罗伊诉韦德案(*Roe v. Wade*)的判决,该判决认为各州不能判早期堕胎有罪,三位法官试图以不同的方式把握伦理和其他价值之间的差别。"自由权的核心部分",他们说,"是确定个体自己关于存在的概念,意义的概念,宇宙的概念和人格的概念的权利"。[17] 他们进而主张,关于此类事务的信仰"构成了人格的标志"。他们判决,关于堕胎的决定便是这种性质的决定,因而自由提出以下要求:在胎儿具有生存能力之前,关于堕胎的最后决定必须留给孕妇和她的医生。最高法院在其后的一项重要案例,即劳伦斯诉德克萨斯州案(*Lawrence v. Texas*)中依靠了这些主张,在该案中法院作出判决,认为旨在使所

---

[16] *United States v. Seegar*, 380 U.S. 163, 166 (1965).
[17] *Planned Parenthood of Pennsylvania v. Casey*, 505 US 833 (1992).

有同性鸡奸构成犯罪的法律也是违宪的;认为性取向和性活动也是一种伦理价值之事,而非价值的某种其他形式。[18] 在这一系列的判决和意见中,法官们试图找出界定"人格"(personhood)概念的信念。通过这种信念,一个人尝试确定生命的价值和意义,以及在其生命中的那些使这一价值实现的关系、成就和经历。

正统的宗教信仰显然都属于这一范畴,人们关于他们生活中的爱、亲密以及性所扮演的角色和取向的信念也属于这一范畴。这些信仰和承诺使意义和格调定型化,而这些意义和格调是在人们之间最重要的交往关系中形成的。他们来自于人的生命特性和价值的最根本的哲学信念,并反哺于这种信念。但是,一个伐木主管认为原始森林没有特别利益或价值的信念——即(像一位美国副总统所说的)见树即见林——不是一种伦理信念。它既非起源于人类生命重要性的信念,或实现人类生命的重要性的信念,亦非这些信念的构成物。毫无疑问,我们可以设想更多的复杂例子,在这些例子中很难清晰界定某种信仰或信念隶属于哪些范畴。要求负责宪法裁判的法院在这些范畴中作出区分有时是非常困难的。但这种区分无疑非常关键,而且在最重要的案件中——例如关于宗教、家庭和性的案件中划分界限并非难事。

九、自由权和文化

现在,我们已经确认了一种尊重人类尊严原则的自由权概念所需的主要的结构要素。能够为合理的分配性理由,或合理的非个人判断性理由所论证的限制,不属于对自由权的侵犯。当建设一条通往医院的新路而向我征税时,或者是当禁止我在一个乔治王朝时代的街区造一所后现代风格的房屋时,这些并没有危及我的自由权。但只能被个人判断性的理由所支持的强制性法律却会损害自由权。我们可以承认,一些个人

---

[18] *Lawrence v. Texas*, 539 U.S. 558 (2003).

判断性的限制是可以允许的；它们是一些具有表面家长主义色彩的限制，例如关于系安全带和制药方面的规定。但如重新审视这些限制，它们并未违背个人责任原则，因为它们乃基于关于人们的价值观的合理假设，它们尤其受到重要的分配性理由的支持。但有一些法律只能建立在较深层次的家长主义假设基础上——即多数人比某些人更能了解在他们的生活中应在何处发现价值，以及有必要强迫那些个人接受这些价值。这些法律侵犯了自由权，而且必须作为蔑视的生命所具有的个人责任而遭受谴责。

现在，这些重要的结论可能会使你认为，它们在我们关于宗教与政治关系的两种模式之间的选择中，在对宽容的世俗国家的支持和对宽容的宗教国家的反对中，具有决定性意义。但做出这种假定还为时过早，因为重要的论辩才刚刚开始。在多数成员具有宗教信仰的国家，最有力的和最流行的支持宗教国家的理据并非家长主义式的，而是文化式的。这种理据依据以下假设，即政治上的多数人有权去建构它所生活其中的文化，并在这一环境中养育子女，他们无需考虑可能抗议的少数群体——因为一个公开承认宗教价值观的社会更适合他们。让我们暂时来比较一下关于禁止或规制黄色出版物的论辩，这一论辩现在被人们视为质量最佳的论辩。对黄色出版物的检查制度，曾经由家长主义的理由获得辩护：黄色出版物腐蚀了读者，因此禁止该种出版物对他们有益。但是，现在另一种论证检查制度的方式变得更加流行：我们应当禁止暴露的性素材，以保护所有公民生活其中的文化。如果孩子们没有持续接触那些另类而并不那么吸引人的图片，父母将更易于教导他们的孩子形成对性的正确理解，将其看做由爱所形成的亲密关系。而且，孩子们并非唯一遭到低俗性文化威胁的人。妇女尤其遭到了侮辱，而她们的从属地位也由于多数黄色出版物中将其作为性奴隶或受虐待者的描写而得到强化。的确，每个人——包括男人和女人——都同样会发现，他们的生活被对其生命中最亲密经历的肮脏的商业利用所玷污了。这并非一种家长主义式的论点。相反，它援引了多数群体塑造文化的权利，而这种文化对他们自己的生活产生强烈的影响。

　　这是我们现在必须面对的关于宗教的关键议题。谁应当控制,以及以何种方式控制我们必须生活其中的道德、伦理和审美文化？这种混合文化由很多力量所塑造,但我现在将从中离析出两种力量。它由个体的分散的决定所形塑,这种决定关涉到制造什么,购买什么,以什么样的价格制造或购买,关涉到阅读什么和说什么,关涉到穿什么衣服,听什么音乐,以及如果可能的话,向什么神明祈祷。我们的文化在很大程度上是无数此类决定的矢量和,它由人们——作为个体的人们,一个一个、日复一日地做出。但我们的文化也由法律所塑造,也就是说,由选举出的立法者所做出的集体决定来塑造,这种决定关涉到我们所有人必须如何行事。由联邦储备局掌控的利率形成了我们的经济文化,都市分区法令形成了我们的审美文化,而民权法形成了我们的道德文化。我们何以决定文化的哪些方面应当以这种方式受到集体决定的影响,而哪些方面应当留给个人决定的有机过程呢？

　　那些感觉有资格生活于一个宽容的宗教社会的美国民众,假定多数公民有权利通过正常的政治过程,借助法律塑造我们共享文化的宗教性格。他们认为,多数人必须同时尊重他们自己宗教仪式的反对者或无神论的异议者。但他们坚持主张,如果多数人认为宗教信仰对共同体有益,它便可以运用国家权威贯彻这种信仰,利用公共义务教育的资金和威信推动它,并通过对爱国纪念活动的情绪操控来肯定它。这便是当下宗教右派的明确要求。

　　纽特·金里奇声称92%的美国民众"笃信上帝",并乐观地援引我提及的最高法院1931年的判决,该判决宣称"我们是基督的子民"。[19] 依据他的观点,多数有权选择它所偏好的文化,而试图将任何神明逐出公共生活的法院都窃夺了多数人的该项权利。小布什总统已经开始迷恋于"生命的文化"这一短语,而在特丽·夏沃悲剧性的漫长死亡过程中,这句

---

　　[19] Gingrich, *Winning the Future*, ix, 69.

短语常挂在许多保守主义者的嘴边。这句短语是保守主义者们所希望创造的文化代码,他们希望这种文化不是通过个人选择,而是通过法律强制创造出来的。相反,世俗模式坚持主张,我们的集体性宗教文化不应通过国家的集体权力创造而成,而应通过引导此种行动的信念、承诺和信仰所支持的分散的行动有机地凝聚而成。而这最终构成了两种模式之间最重要的差异,在公共信仰和私人信念之间理想的真实差异。哪种观点最适合我们共享人类尊严的理想呢?

尊严的第二原则赋予我们每个人一项责任自己去评价和选择伦理价值,而非屈服于他人的强迫性选择。文化当然会影响我们的价值选择;我们的人格也是这样,它在一定程度上被他人为自己作出的无数选择所塑造。他们的选择在很大程度上决定了我们阅读的图书,我们观赏的图像和形成我们直觉上所做之事的期待。第二原则并不禁止这种不可避免的影响,它禁止的是屈从,这两者非常不同。它不准我接受这样的待遇:他人有权规定我思考何为良善的生活,或禁止我依据自己的意愿行事,因为他们认为我的伦理价值观是错误的。因此,第二原则不允许我接受对我的文化进行任何形式的操纵,而这种文化既是集体性的也是经过深思熟虑的——这种操纵利用共同体作为一个整体的集体权力和财富,并旨在影响其成员的伦理选择和价值观,这便是屈从。这与操纵的目的是使操纵者获利之间没有什么区别。即使这种出于保护或逐步培养的目的而设计出来的价值观是我自己的价值观,我也必须拒绝这种操纵,因为试图强迫冻结我的价值观使我的尊严所遭受的凌辱,与试图改变我的价值观的强迫所带来的凌辱是同样的。

当然,多数人或许会接受由正义的分配性理由或保护资源的非个人判断性理由所论证的强制性政策,甚至当这些政策可能会影响人们对成功生活的信念时也是如此。例如,再分配性税收和民权法案可以通过影响公民关于生活方式意识来很好地转变文化。这种措施可能会强烈地影响我们的伦理文化,但它们完全可以脱离以下任何假设而得到论证:即这种影响将在伦理上是有益处的,人们将会在这样改变的文化中过上更好和更公平的生活。所以我能够接受这种强制性政策，而绝不会感到我将自己的责任委诸他人，这种责任关涉到我要为自己对生命应当反映何种伦理价值做出决定。而当掌权者利用权力故意塑造一种更迎合自己品味的伦理文化时，就完全是另一种情况。如果没有对以下观点的妥协，即多数人有权力根据他们的生活标准塑造我的信念，我便不可能接受掌权者有这样做的权利。

值得关注的是，美国民众不希望赋予政治多数与我们经济文化的基本原则相匹敌的集体性权力。社会主义社会赋予掌权者以权威，通过规定性价格和对资源和产品的配给来为每个人塑造经济环境。但我们坚持产品和服务的自由市场，这意味着，我们坚持由反映个人价值观和意愿的个人决定组成的矢量和所塑造的经济文化。是的，分配公平要求我们的自由市场应当确保对抗不同种类的外部性问题，要求我们保障那些由于其他原因难以受到单纯的市场分配公平对待的人。我将在第四章中探讨这些必须的市场结构和限制条件。但是一个可接受性的市场规范必须采取某种形式，避免剥夺任何组织或个人对反映其自身意愿和价值的供应和价格施加影响的能力。经济社会主义是对自由与效率的侮辱，而这是一种为那些支持非经济文化（noneconomic culture）之宗教模式的保守主义者们所大力提倡的观点。他们没有认识到，与在经济情境下相比，在宗教情境下自由更加至关重要。

因此由主张国家应当表达宗教价值，以推动一种宗教文化的官员所做出的判断，只不过是个人判断性的，像家长主义式的辩护对自由权的冒犯一样。这与大多数人希望生活于一种宗教文化没有什么差别。当允许多数公民将他们的价值观通过立法强加于每个人，这给民众对他们自己的生命所承担的个人责任造成的损害，与允许某些少数群体做同样的事情所造成的损害是一样的。

十、议　　题

科学与宗教

我们所建构的自由权概念确实更支持宽容的世俗模式的政府,而非宽容的宗教模式,即使在一个多数成员信仰宗教的共同体内也是如此,而这一自由权概念禁止建立在个人判断性理由基础上的强迫。无论如何,这是我现在提供给你的论辩负担。我希望那些反对者会提出相反的理由来作出回应,以证明我的论点是错误的。例如,他们或许会拒绝我提出的对自由权的一般描述,以及我所提出的在以下两者之间作出区别之重要性的一般描述,即以影响文化的个人判断性理由作为一方,而以分配性和非个人判断性理由作为另一方。不过他们可能会提出的任何相反论点,都必定扎根于一种具有比较视野的自由权理论,而如果他们确实接受个人责任原则,则他们的自由权理论必定源自于并适合于该项原则。不能因为我的论辩证明了他们不喜欢的结论,就简单的认为它就应该是错误的。

我并不试图预计这种针锋相对的论辩,相反我将以回溯到一些特定问题的方式来充实自己的观点。我曾讲过,这些问题划分了两种模式,就像它们划分了两种文化,自由主义的和保守主义的,蓝色的和红色的,从而使国家现在陷入所谓的分裂一样。这些问题中最具政治深远影响的仍然是堕胎问题。很多保守主义者说,堕胎便是谋杀,而他们反对的热情表明了这种信念——一些保守主义者已经刺杀过执行堕胎的医生。一个政治共同体必须通过某种方式,通过法院或立法机构作出集体决定,决定堕胎是否构成谋杀;如果构成谋杀,则宣告堕胎非法在分配性基础上而非判断性基础上是必要的,而且不构成对自由权的侵犯。但是如果堕胎不是谋杀,那么堕胎仅在个人判断性基础上是错误的,这是致力于自由权的社会必须避免的。在我看来,堕胎是否构成谋杀,并不依赖于胎儿在受孕之后的某个非常早的时间点上是否是人——胎儿当然是人——而是依赖于胎儿是否有利益以及权利去保护在早期阶段的利益。

在其他地方我曾经有所讨论,胎儿没有这种利益或权利。[20] 没有精神生活的生命不会拥有这种利益,而精神生活是产生这些利益的源泉。[21] 认为现在死亡或永久丧失意识的人仍然具有利益是有意义的。我们的意思是,如果他们失去意识或死亡之后,他们在活着并有意识时所形成的利益仍然延续,那么他们的生命将更加成功。[22] 例如,如我特别希望的,假如在我死后我的家庭繁荣昌盛,则我的生命将获得更好的延续。但是从未感到痛苦,从未制定计划,或从未与任何种类的事物建立联系的生命便不会有什么利益去填充或损害。所以我不认为早期的胎儿拥有权利,也不认为堕胎是谋杀。因此我也相信,最高法院作出以下判决是正确的:将早期堕胎定罪与尊重个人责任相悖。不过在此重复我的观点显得过于繁复,因此我只是简单地向那些感兴趣的人推荐我关于该主题的书籍,让我们转而讨论一个与此密切相关的问题,而该问题尚未引起任何关于谋杀的疑问。

这便是科学问题。我认为,没有什么比宗教组织和运动的立场更令自由主义者和现代主义者们震惊了。这种立场要求,在公立学校教授孩子的内容或者应当由立法或校董事会决议来予以确定,或者应当通过对教师非正式的恫吓予以贯彻。很多美国人为被极端迷信所笼罩的新黑暗时代的前景而深感恐惧,他们担心一个黑暗的、属于无知者的无知之夜将会到来,美国将变成一个智慧退步而一派萧条的神权国家。但是,必须有人决定向孩子们讲授哪些历史和科学知识。如果那些选举出来的、具有特别管辖权的校董事会或多数父母都坚信,达尔文的进化论在根本上是错误的,那么他们凭什么就没有权力阻止将这种谬误传授给他们的孩子,

---

[20] Dworkin, *Life's Dominion: An Argument about Abortion, Euthanasia, and Individual Freedom*, Vintage Books Usa, 1994.

[21] 参见 Denise Grady, "Study Finds 29-Week Fetuses Probably Feel No Pain and Need No Abortion Anesthesia," *New York Times*, August 24, 2005, section A, p.10.

[22] 在 *Life's Dominion* 一书中,我探讨了死亡或丧失意识者的利益问题。

就像他们有权力阻止教师将他们的班级转变成地平协会(the Flat Earth Society)一样呢？不能因为《圣经》不能进入课堂,就得出结论说向孩子讲授圣经中的创世说是不被允许的。《圣经》也谴责谋杀,但这不意味着不能教授孩子们谋杀是错误的。

但是宗教保守主义者的宇宙论和生物学观念,与他们的宗教信仰并不相符；一旦这些宇宙论和生物学观念不符合宗教信仰的要求,他们会立刻拒绝它们。几乎所有的宗教保守主义者都承认,经验科学的方法在总体上有利于发现真相,而如果他们的子女想要为成年生活做好准备,就必须教会他们接受这些方法的可靠性。他们会同意,不能要求或允许老师讲授科学已经不可辩驳地证明是错误的东西,哪怕是作为一种替代性理论来讲授也不能允许：比如,太阳环绕地球旋转,或射线是无害的。从科学规律的角度来看,关于宇宙创世和人类产生的圣经式描述也是同样的愚蠢可笑。一些宗教人士发现,对他们来说,在这些以及其他少数信仰仍构成对科学的挑战的领域,信仰胜过科学。在个人责任的自我意识中,他们加强信仰在生活中扮演的角色,进而否认达尔文主义理论的真实性。这是他们的权利,试图强迫他们脱离这种信念将是对自由权的可怕侵犯。不过,如果他们愿意尊重我们已经谈过的人类尊严的第二原则,他们就不能将此种信念强加于他人,包括那些被强制要求进入公立教育体系的孩子们。

最近几年,一些信教的科学家提出了对达尔文进化论主要原则的一种驳斥意见,这种驳斥意见并非依赖于《圣经》的权威,或《圣经》对创世时早期地球的描述。该驳斥意见只是大体上提出,一种"智慧的设计"而非达尔文所假定的无目标的自然过程和自然选择,决定了生命和人类的创造。这个观点立刻赢得了无数的关注和恶名。好几个州考虑要求教师将智慧设计论作为针对标准进化论的替代理论,在公立高等学校的生物课上讲授。几年前一个宾夕法尼亚州的校董事会接受了这项要求,而尽管一位联邦法官随后将该提议作为一项在公立学校强加基督教学说的违宪做法而予以抨击[23]，其他州的其他公共机构仍然在继续贯彻类似的计划。布什总统最近似乎也对这些运动表示赞同，他说："我觉得，两个方面都应获得正确的讲授。"[24]据说垂涎于2008年总统大选共和党候选人资格的参议院多数党领袖菲斯特参议员(Senator Frist)也表示赞同。他说，与进化论一起讲授智慧设计理论，将二者作为关于人类生命创造的竞争性科学解释，这是公平的，因为这"并未强迫任何人接受任何特定的理论"。[25]

假如有任何科学证据反对进化论，那么当然应当告诉学生证据是什么。但智慧设计运动根本没有发现任何科学证据。我们必须区别以下三种主张：(1)科学家尚未表明他们对以下问题完全满意，即物竞天择的达尔文主义过程，如何能够解释我们星球上植物和动物生命发展的每个特点。其中一些特点仍然是充满推测和争论的领域。(2)现在已经有良好的科学证据能够证明，在一般的达尔文主义结构之内无法解释这些特点。欲获得一种成功的解释，就必定要求彻底放弃这种结构。(3)该证据至少也表明，一位智慧的设计者创造了生命，并设计了创造生命的发展过程。

这些主张中的第一个是正确的，也不值得惊讶。进化论的诸多细节，像它所试图解释的现象一样是极度复杂的。例如，在热烈的辩论中，一些著名的生物学家在关于已进化生命的某些特征是否能够被最佳地解释为偶然事件，或解释为本身无存在价值的副产品的问题上彼此存在分歧。进化论生物学家们也面临着关于如何最好地认识这些问题的其他挑战和反对意见。

这三个主张中的第二个是错误的。事实并未表明，进化论科学家们尚未找到解决一些难题的方案或对此取得一致意见，而这些难题已使他

---

[23] *Kitzmiller et al. v. Dover Area School Board*, 宾夕法尼亚中部地区联邦地方法院，法官约翰·琼斯(John Jones)的备忘意见(Memorandum Opinion), December 20, 2005。

[24] Elisabeth Bumiller, "Bush Remarks Roil Debate over Teaching of Evolution," *New York Times*, August 3, 2005, section A, p.14.

[25] David Stout, "Frist Urges 2 Teachings on Life Origin," *New York Times*, August 20, 2005, section A, p.10.

们的方法显露出缺陷,更不用说那种所谓的历史性争论或未经证实的猜测了,这些争论和猜测认为历史学家或数学家所采用的方法应予摒弃。迄今为止,科学家们没有找到任何理由,去怀疑达尔文进化论的一般框架能够解决进化中的谜团;他们提出的任何与此竞争的解决方案,都无法宣称对这种一般框架提出质疑。智慧设计论的支持者们在他们的演讲、畅销书和电视秀中宣称,特定生命形态不可简化的复杂性——没有任何哪怕是某种初等生命形态的元素,能够在使该生命形态存活的条件下被剥离出来——证明达尔文的理论必定会被彻底否定。但他们的论证非常糟糕,只要把论文提交给同行评审的期刊,并以此将这些论证展示给专家,便能够确证他们的失败。[26] 即便假设,科学界的守旧派会拒绝那些挑战达尔文的哪怕是经过良好论证的论文,也不构成对这种失败的解释。相反,针对进化论的一种科学而合理的一般性挑战,实际上将成为激动人心的消息——诺贝尔奖可能便指日可待。

即使第二项主张是正确的,第三项主张也是错误的。如果寻找关于某些物理或生物现象的自然物理或生物学解释的失败本身成为神圣干预的证据,而这随后又被接受为现象的起因,科学将因至少两个理由而消失。第一,科学依赖于证实或证伪的可能性,而根本没有证据能够证明一种不受自然律约束的超人力量引起或未引起任何事态。第二,一旦接受神圣干预作为对任何自然情况的备选解释,它必定总会被接受为尚未发现普遍科学解释的任何现象的可用解释。医生已经在吸烟和肺癌之间建立起强有力的关联性,但他们尚不知道一方导致另一方的机制。那么我们为什么就不说一种解释显然唾手可得:上帝惩罚选定的吸烟者呢?实际上,一旦接受神圣干预作为一种科学解释的可能备选方案,那么即使在一种达成充分共识的解释面前它也具有竞争性。我们凭什么更喜欢一个

---

[26] 参见 *Kitzmiller et al. v. Dover Area School Board*. 关于对智慧设计论观点中存在科学错误的一种非常清晰的描述,参见 Philip M. Boffey, "The Evolution Wars, Revisited," *New York Times on the Web*, http://select.nytimes.com/2006/01/18/opinion/18talkingpoints.html?pagewanted = all8dpc.

物理学家关于全球变暖的描述——该描述表明,除非且直到人们减少他们对大气的碳污染水平,否则这一过程将持续下去;而不是接受以下竞争性的描述,即一位神明正出于自身无法获知的目的使这个星球变暖,并会随其意愿使之再次冷却呢?一旦我们接受任何创世奇迹,我们就必须承认,预言性解释与常规的科学性解释同样都能适合任何种类的事实。鲜有善于交际的保守主义美国人,会支持一个允许老师通过引证奇迹来随心所遇解释任何事情的校董事会。智慧设计的理念主张其中的一些成分,因为它的意图正是也只是为特定的奇迹献上科学的祈祷,他们认为其宗教依赖于这种奇迹——创世。但这种歧视无法维持长久,一旦奇迹构成对科学解释的竞争性存在,就无法阻止对理性的破坏。

现在我并不否认任何神学预设的真实性,我并不否认,那些相信一位神明创造宇宙、生命或人类的无数无量的人们是正确的。但他们的信仰,即便通过某种方式获得了证明,也不能作为对这些现象的一种科学解释。这种区别并不单纯是语义上的,我并非在"科学"的意思上诡辩。如果我们想要通过确保人们对自身个人价值承担责任的方式来保护尊严的话,我们就必须围绕着信仰和理性的区分来建构我们的义务教育,和我们对真实的集体信任。我们需要一种可辩护的科学概念,不仅为了那种极具实践意义的理由,即我们必须使我们的孩子和年轻一代做好准备增长知识,以参与世界经济的竞争,而且也为了我们公民的宗教信仰而确保他们的个人责任。在我们政府的公共哲学中,我们需要一种对科学的描述,它无需依赖对任何形式的宗教或伦理价值的承诺而树立自己的权威。因此当菲斯特参议员说,仅仅将智慧设计论形容为一种针对进化论的科学替代理论并未"将任何理论强加于任何人"的时候,他犯了一个严重的错误。实际上,这一观点在实践中和政治上伤害了年轻学子,这种伤害是通过运用国家权威,将一种关于科学的观点强加于人的方式导致的,而这种观点是错误而没有说服力的。

当布什总统说,应当在学校中讲授智慧设计论时,他的科学顾问约翰·马伯格(John Marburger)说,"达尔文主义理论是现代生物学的基石",而小布什的意思仅仅是"应当教授学生说某些人建议智慧设计论是一种可行的替代性理论".[27] 如果这样的话,我们理应欢迎小布什的建议。在第五章中,我描绘了一种现代政治辩论课程,我认为它应当成为美国高等院校课程中的标准部分。我们应当在这门课程中研习和评论智慧设计运动,至少直到在它被某种其他宗教性的反进化论运动替代时都应如此。但是,在生物学课堂上不应容忍这种理论。

忠诚与仪式

现在让我们来考虑当下处于争论中的另外一个议题:美国的忠诚宣誓。这是官方的政治效忠宣誓,根据传统,它在学校和一些纪念性的场合朗读。根据国会立法,数十年来这项仪式性的宣誓包含了一个相当普通的宗教宣告:这项宣誓叙述道,美国是"上帝之下的国度"。该宣誓是自愿的。甚至在对上帝的提及成为该项宣誓的一部分之前,最高法院很久以前便作出判决不能强迫学童朗诵它。提倡宽容宗教模式的民众支持在官方宣誓中提及宗教,因为他们认为,这既象征着也实现了宗教与爱国主义之间必不可少的融合。他们指出,既然没有要求任何人朗诵这份官方宣誓,那么便没有强迫任何人做与他的良心相违逆的事情。他们或许会承认,当周围的大众朗诵誓词的时候,一个保持沉默的美国人将感到自己像局外人。然而,这无疑是他的选择。如果他无法同意对一神论的普适性支持,那么他便是局外人,而当他和其他同样如此的每个人回想起这种情况,这也会造成伤害。

但是尊严并不简单地要求不得强迫任何人朗诵他不相信的内容。尊严委派给我们一项客观责任,去为自己选择伦理价值。然而,如我所说,我们了解自己在作出这些选择的过程中受到千百种文化内容的影响,我们无疑必须拒绝接受屈从于那种故意而强迫性地操纵我们选择的政府。没有分配性的正当理由能够支持创设一种官方宣誓,使足够多的公民感

---

[27] Bumiller, "Bush Remarks Roil."

到自己像局外人。只有一种个人判断性的正当理由：以连结宗教与爱国主义值得向往为理由，故意影响共享的文化以实现这种连结，并在某种程度上迫使一些希望脱离宗教而拥护爱国主义的人就范。这显然是人自己确定其价值观的责任的一部分，这种价值观包括政治宣誓中宗教信仰或形而上学的假设。一种官方支持的宗教仪式所造成的强迫性影响，与对强迫性主张的公开落实一样都是不可接受的。

然而，这种强迫性影响并不十分强烈。因而尽管官方宣誓是对自由权的一种侵犯，但它在实践中后果并不那么严重。就像一位无神论者从他的口袋中掏出一块带有笃信上帝之信息的硬币，或者站在国会或法庭会议的公开祈祷仪式中而毫无自我背叛的感觉，所以他能够言不由衷地重复这项宣誓而不会失去尊严。很少有孩子会认为他们在学校所朗诵誓词的具体措辞，与他们在操场上的庄严宣誓具有同等的权威性。但这只是说，使该项宣誓具有神学色彩所意图达到的目的失败了，而不是说这种目的本身是正当的。

按照我的观点，更没有什么理由值得去关注一项已经过多占据联邦法院时间的议题：那些具有纪念性形象的公共陈列品，它们表达出一种宗教性遗产或联系，但同时也作为庆典的中心装饰物扮演一种非宗教性的公共角色。的确，公共圣诞树是用无宗教信仰者们缴纳的赋税购买的，但这项花费微不足道。对一个共同体而言，只承认其成员所信奉的诸多宗教之一种的伟大场合是错误的，这解释了为什么现在圣诞树常常被犹太烛台所围绕；而且毫无疑问的是，在合适的时候，新月标志也会环绕其间。对公民的平等关怀和尊重是一种独立的要求。

但是，正如最高法院已经在一系列令人尴尬的意见中所认定的，在这些公共展示中只有一点宝贵的宗教赞同而已。而无神论者能够愉快地享受他们的世俗意义，这与他们花掉一刻钟（进行宣誓）一样没有任何虚伪的感觉。

婚姻

我谈到的最后一个事例——同性婚姻——是非常不同的。婚姻的惯例非常独特，它是一种截然不同的交往与承诺模式，这种模式承载了长达数个世纪的、大量的社会性和个人性意义。与创造一种诗歌或爱恋的替代品相比，我们不可能再创造一种能够承载与此相当强度意义的替代性承诺模式。因此，婚姻的定位是一种提供给那些参与者的，具有不可替代价值的社会资源，它促使两个人一起去创造其生命中的价值，而该机制从不存在的话，他们也难以创造这种价值。我们知道，同性者经常以与异性者之间同样的激情互相爱慕。如果我们为异性恋伴侣提供了通往这个美妙资源的通道，而拒绝提供给同性恋伴侣，则我们可能使一对人而没有使另一对人有机会去实现他们共同相信是其生命中的重要价值。而社会又有何权利以这种方式施加歧视呢？

既然我们接受个人责任原则，并承认它所需要的权利，那么我们就需要一种毋庸置疑的理由，去支持此种程度的歧视，这项理由一定不能是个人判断性的理由。那些试图提出一种非判断性理由的同性婚姻反对者，早已被迫完全诉诸投机性的假设。在马萨诸塞州最高法院承认同性婚姻的判决中，该法院持异议的法官们认为，禁止同性婚姻的理由可能是：因为在抚养子女方面，异性婚姻比同性结合能够提供更好的背景。然而，没有任何好的——更不用说毋庸置疑的证据能够支持这一见解。这种见解本身反应出一种宗教视角的判断，而它也为马萨诸塞州和其他州的以下实践所掩盖，他们允许未婚的同性伴侣收养子女。

还有一种更加时髦的理由：如果社会禁止同性婚姻但创设了同性的公民结合（civil union），而如果这种公民结合能够提供婚姻所提供的多数或全部肉体利益的话，则社会并未歧视同性恋者。如果婚姻或公民结合所带来的肉体或法律后果之间没有什么区别，为什么婚姻应当留给异性恋者呢？这只能说是因为婚姻拥有公民结合所没有的精神内容。这或许是一种宗教内容，而这种内容是一些同性伴侣和异性恋者一样所渴求的。

或者这是我所描述过的,也是两种类型的伴侣都渴望的历史与文化的回响。但无论怎样,假如有理由拒绝赋予同性伴侣这样的身份,那么这些理由也会说明公民结合何以不是一个具有同等意义的机会。

反对同性婚姻的唯一真正的论点——该论点确实激起对它如此激烈的反对——与支持一种宗教性的效忠宣誓的论点具有同样的形式,但当然赌注也高昂得多。那种以最富同情心的方式提出的反对同性婚姻的案例,也最终会来到这一点上:如我所说,婚姻制度是一种独特而拥有巨大价值的文化资源。它的意义以及因此带来的价值已然有机地累积了数个世纪;而认为婚姻是男子和女子之间结合的假设,已深植于这种意义之中,使之成为一种与众不同的制度;那么一种缺少价值的制度,现在便应是对这种假设的挑战和遗弃。正如我们会努力保持任何其他伟大的自然或艺术资源的意义与价值一样,因此我们也应当为保持这种独具价值的文化资源而斗争。

这种论点抓住了反对同性婚姻的呼吁,但我们必须拒绝它。因为我希望大家已然明白,它违背了我们共享的自由权理念和自由权所保障的个人责任。在我刚刚建立的论辩中,如我们用"宗教"替代"婚姻",这就变得异常清楚。我所说的关于婚姻的文化遗产和价值的任何事情,对宗教的一般制度而言都同样是真实的:宗教是一种不可替代的文化资源,其中数十亿人找到巨大而无与伦比的价值。它的意义就像婚姻的意义那样,已经累积了许多世纪。但它的意义仍像婚姻那样,处于一系列有机过程的非常显著的影响之下,这种过程来自于新兴宗教或教派的发展,来自于对已确立教条的新的威胁,也来自于由科学、政治或社会正义理论的世俗发展所产生的实践。在近几十年来,人们关于什么是宗教的理解已经发生了改变,这种改变是由例如要求设立女性牧师的妇女运动所带来的,是由对各种形式的神秘主义、致幻试验、泛神论、唯一神教派、原教旨主义者教义、激进解放运动这些时髦想象的兴衰起落所带来的,是由上千宗教冲动所引起的其他变动所带来的,这些冲突起源于个人决定,而最终以宗教应当及实际意味的巨变而告终。美国的宗教保守主义者们,甚至那些认为自己是福音派教徒的人，也无法设想宗教的文化意义应当为以下法律所冻结：这些法律禁止那些具有新愿景的人，获得宗教组织的头衔、法律地位或者获得宗教组织的赋税和经济利益。

　　因此，我所描述的反对同性婚姻的文化论点，与我们几乎共享的直觉与洞见不相符合，与我认为由人类尊严的第二原则所要求的不相符合。这种观点假定塑造我们价值观的文化只是我们中的一部分人——那些当时碰巧掌握政治权力的人——的财产，他们的财产以我们敬仰的形式塑造并获得保护。这是极大的错误：在一个真正自由的社会，理念和价值的世界不从属于任何人，又属于任何人。谁又能论辩说——而不仅仅是宣称——我是错误的呢？

第四章 赋税与合法性

一、赋税与支出

迄今为止,我已经讨论了两个最引人注目的问题,这两个问题似乎将美国人划分为敌对的文化阵营——保守主义者和自由主义者;或者你愿意接受的话,也可称之为红色文化和蓝色文化。当面对恐怖主义威胁时,我们是否可以无视自己国内刑事诉讼程序中的传统权利?宗教应当在我们的政治、政府和公共生活中扮演怎样的角色?现在我们来继续谈第三个问题,这一问题同样分歧重重,而且对几乎我们所有公民的日常生活来说,都比那两个问题中的任一个都更为重要:赋税。

布什总统在他的第一任期内,策划了令人十分瞩目的赋税减免措施,由于减免措施在支出靡费的军事行动时期生效,因此显得尤为瞩目。在总统的催促下,国会在2005年之前已经减免了10年8万亿美元的税收,让最富裕的美国人从中受益。在同年,布什和国会的共和党领导人还提议进一步减税,并提议稳固现有的减税成果。摧毁新奥尔良和墨西哥湾沿岸各州其他部分的卡特里娜飓风之所以震惊全美,是因为政府反应的迟滞和无能,表明了它对这些地区穷苦居民的漠不关心,而在这些生活被毁掉的人们之中,大部分是黑人。这一政治反应以及一些温和共和党人对于政府以下做法不断增长的厌恶之情,迫使共和党领导人至少推迟了这些进一步的减税措施,这种做法是通过削减社会服务项目的方式,来为支付墨西哥湾沿岸地区的重建提供帮助。来自纽约州的共和党党议员詹姆士·T. 沃尔什(James T. Walsh)说:"显然,这几天减税和食品券同时并举是不得人心的。"[1]但是,总统却继续呼吁他认为是可取的进一步减税措施。

在美国,财富和收入的分配问题十分突出。在2001年,我们有1%的人口拥有超过1/3的财富,前10%的人口拥有70%的财富,而底层的50%人口所拥有的财富仅占2.8%。[2]根据2001年美国统计局的计算,前20%的人口赚得总收入的50%之多,而前5%的人口的收入则超过22%。[3]根据政策研究学会2004年的一份报告,大公司总裁的平均收入差不多是公司职员的431倍。[4]

布什的减税政策让贫富差距变得更加严重。布鲁金斯税收政策中心计算得出,一项从收入税中豁免公司股息收入的规定,所带来的超过大半的收益都将流向全国人口的前5%。这一减税措施给每个年薪上百万美元的人平均每年所带来的收益,要比年薪10万美元以下的人所获得的收益高出500倍之多。[5]

共和党领导人说,这些偏向富人的减税对于刺激经济是必要的。但布什的减税措施已将他接手的上万亿美元的盈余,变成了史无前例和危

---

[1] Michael A. Fletcher and Jonathan Weisman, "Bush Renews Push for Extending Tax Cuts," *Washington Post*, December 6, 2005, p. A02.

[2] Arthur B. Kennickell, "A Rolling Tide: Changes in the Distribution of Wealth in the U.S., 1989-2001," table 10 (Levy Economics Institute, November 2003).

[3] http://www.census.gov/hhes/income/histinc/ie3.html.

[4] 参见"A Marie Antoinette Moment," *International Herald Tribune*, January 3, 2006, p.6.

[5] 参见Joel Friedman and Robert Greenstein, "Exempting Corporate Dividends from Individual Income Taxes," Center for Budget and Policy Priorities, January 6, 2003.

险重重的财政赤字。国会预算机构预计,后 10 年赤字将会在 3.5 万亿到 4 万亿美元之间,这些赤字即便对经济不无帮助,但也无法产生整体效果。[6] 2001 年以来的经济增长再次主要造福了富人,自那时起,中产阶级的收入实际上已经下滑[7],而且全美家庭的年收入在 2004 年下降了 2.3 个百分点。[8] 正如总统自己的经济顾问委员会预测的那样,减税对就业增长贡献甚微。[9] 事实上,正如《纽约时报》所报道的:

> 到目前为止,布什时代经济复苏期间的就业增长,与自 1960 年代以来任何一场类似经济上扬中的就业增长相比,都显得更加糟糕。在这一年里,平均每月都需要创造大约 50 万个新工作,才能比得上现代第二差的工作创造记录。而且虽然美国的劳动者们更加辛苦地工作,作为大部分美国人的生活经济来源,人们所接受的时薪和周工资已经在 2003 年中以来的通货膨胀中停滞或紧缩。[10]

2002 年诺贝尔经济学奖得主约瑟夫·斯蒂格利茨(Joseph Stiglitz)说:"如果让我制定一揽子减税来刺激经济,(布什的)股息减税连候选名单都上不了。"[11]

然而,围绕赋税的政治斗争并不主要是经济预测问题。很多保守主义者希望更低赋税的原因是,他们想通过减少或消除赋税所支撑的福利计划。在过去的大约 70 年里——自罗斯福总统任内提出我们所称的新政以来——生活在成功民主国家的民众在很大程度上已经开始接受,政

---

[6] 参见 "Wanted: A Wary Audience," *New York Times*, January 31, 2006, section A, p. 20.

[7] 参见 "Economy Up, People Down: Declining Earnings Undercut Income Growth," Economic Policy Institute Publication, http://www.epi.org/content.cfm/webfeatures_econindicators_income20050831.

[8] 参见 "Average American Family Income Declines," http://abcnews.go.com/Business/wireStory? id=1654810&business=true.

[9] 参见经济顾问委员会, "Strengthening America's Economy: The President's Jobs and Growth Proposals," January 7, 2003.

[10] "Wanted: A Wary Audience."

[11] Joseph Stiglitz, "Bush's Tax Plan-the Dangers," *The New York Review of Books*, March 13, 2003.

府的部分职责就是,要比独立的自由市场经济能够更加公平地分配国家财富。赋税是政府行使这一再分配角色的主要机制。政府以累进税率来征收税款,这样富人就会以比穷人更高的交税比例,从他们的收入或者财富中支付税款;而政府用收得的税款来为一系列的计划提供资金,这些计划提供失业和退休保险金,医疗保险,贫困儿童扶助金,食品补贴,住房补贴以及其他福利。

保守主义者认为,应当弱化政府的这一职能,而达成目标的一个合适手段就是减税。因为他们认为即便是现在这种程度的税收,对辛勤工作挣得薪水的人和尽力搞活经济以施惠众人的人来说都是不公平的。他们认为,成功的企业家首先已经以能力和投资勇气为所有人做出了贡献,就不该以重税来惩罚企业家的成功。他们认为,富人从小布什的减税中获取的巨大份额没有不公平可言,这些减税只不过是对富人过去在累进税制中所受的不公对待进行补偿的开始。自由主义者针锋相对地主张,国家为穷人提供的福利供应已经微乎其微,而减轻富人所付的税款,会让这种供应更加微不足道,这是深刻的不公正。因此,双方的主要争论是对公平的论辩。在本章中,我希望通过以下方式提出并深化我的异议:我拟将税率不仅与公平性,而且与我们政府的合法性(legitimacy)结合起来。在某些时候我将论证,政府在对轻度管制的自由市场所创造的财富进行再分配的失败,将削弱政府获取所有公民对其尊重和效忠的能力。

至少在美国,保守主义者显然打赢了税收战争。近几十年来,唯一承诺要争取全面提高税收的美国总统候选人——1984年的沃尔特·蒙代尔(Walter Mondale)——大败亏输。老布什在赢得1988年的大选时,让人们观看他用唇语说出"不征新税"的嘴唇;而后在1992年,他之所以输给克林顿,人们多少认为是因为他最终提高了税收,丧失了保守主义者的支持。无党派政治家现在建议普遍提高税收。克里在2004年大选中承诺,对年薪20万美元及以上的人增税,而布什回应说,这项提议说明克里只不过是另一个"税收和开支的自由派"。这一攻击在多大程度上影响了选民的选票,我们不得而知,但这很不寻常——它挑战了传统的政治智慧——多少选民会明显违背自己的经济利益而投票。只有极少的人年薪收入20万美元或预期如此。那只能意味着，经济问题被安全或者宗教问题所遮蔽了。但这确实表明，很大一部分人反对民主党关于布什税收政策显然不公的主张。

税收战争已变得特别尖锐起来，因为就像我们在前两章所讨论过的问题那样，这种争论毫无章法可言。我们拿口号做交易。自由主义者说保守主义者想敲穷人的竹杠，而保守主义者则说自由主义者想花他人的钱。看起来，双方都无法界定他们认为公平的税收水平。所以自由主义者抱怨赋税太低，保守主义者则抱怨太高，却没有一方能提出税赋应当多高或多低的说明和理由。

我将提供一种形成针对该问题提出不同答案的框架，以使一场真正的论辩成为可能。我再次建议，从我在第一章中界定并在后续两章中探讨过的人类尊严的原则出发。如果我们接受这样的基本原则，即人类生命有内在的价值，而每个人都有发现并实现自己生命潜在价值的个人责任，那么我们应当采取什么样的税收政策呢？在财政领域，在赋税和开支的范围内，这些原则到底提出怎样的要求，这不是显而易见的。这便是我们现在必须探究的问题。

二、政治合法性与平等关怀

如果我们认为，每个人度过美好生活具有内在的同等重要性，那么我们就不能好像他们的生命毫无重要性那样对待其他人。这种对待方式既贬损了他人，也贬损了我们全体。但是——与某些哲学家宣称的恰恰相反——这并不意味着我们应当总是以对自己和亲近的人的态度，来同等关心他人的幸福。在多数情况下，我们根据自己心中的目标、品位和责任来行动：我可以帮助自己的孩子，而无需觉得有同等程度的义务来帮助您的孩子。我们作为个体，对所有他人承担适度的关怀，但是并不对他们负有像我们对待自己、我们的家庭和与我们亲近的人那样同等的关怀义务。

第四章　赋税与合法性

但一个国家与其成员的关系——所有美国人作为一个整体分别与每一个美国人的关系——是非常不同的事情。政府必须切实给予其治下的每个人以同等关怀。我们的民选政府行使着巨大的强制权力。政府促使个体公民按照我们要求的方式来行动。我们通过赋税抽取民众的金钱或财产,我们将他们投入监狱,甚至在我们的国家,我们还能在他们没有按照要求去行事时处死他们。我们不仅做所有这些事情,还声称有权如此行事:我们期待公民伙伴出于创设道德义务——苛刻的道德义务——的缘由而非单纯的恐吓而遵守法律。任何单个个人都没有凌驾于其他个体之上的这样一种权利,而我们的政府主张拥有所有这些权力。

在我们拥有这种权威之前,必须满足道德标准。即便是由特定人群中的多数构成,任何一个有力量的人民团体,都无权使用警察和军队的暴力机关来贯彻其意志;任何有力量的团体,也无法令人信服地以法令的形式施加道德义务。掌握权力的人必须符合怎样的条件,才能够有资格像政府那样行动,以使他们要求服从的人产生道德义务来遵守呢?这个问题——政治合法性——是政治理论中最古老的问题。在脆弱的世界秩序中,当既有的政府遭到挑战和推翻,而政治共同体几乎每月都遭到重组,这个问题便具有了新的紧迫性。但即便在像我们自己这样成熟和稳定的国家里,当正义的重要议题出现时,这个问题也变得十分紧迫。

政府必须通过什么样的标准才是合法的? 我们不能说,除非它达到完美的正义才是合法的——这个要求太过严格,因为没有哪个现存政府符合完美的正义。很多政治哲学家建议,合法性不仅建立在正义基础上,而且建立在合意基础上。他们说,除非宪法享有治下人民全体一致的同意,否则国家就不合法。但这个要求也同样太过严格——每个政治共同体都存在异议分子——而哲学家已经用各种虚构削弱了这一理论。他们说,如果公民留在其政府管辖的领土内,就等于默示授予了政府权威。但是,很少有公民有移民的实际可能性,因此有些哲学家又提出了一种更弱意义上的标准:他们说,如果在特定的理想状态下,例如公民是理性的,并且掌握了全部事实的话,公民愿意承认政府的权威,政府就是合法的。但即便是那样,这也常常是不现实的。无论如何,假设的合意根本就不是合意,所以对理论的这种修正远离了理论本身。

如果坚持只有完全正义的政府,或者只有所有公民承认其权威的政府才是合法的,这会太过苛求。那么,我们该用什么样的标准来决定一个政府是否合法呢?回顾我在第二章中总结的政治权利和人权之间的区别,这一区别用在此处恰到好处。我强调,两个问题之间存在至关重要的差别。第一个问题是,根据对人类尊严两个原则的最佳和最准确的理解,我们要求政府如何行动?这是公民政治权利的问题,应当在日常政治论辩中进行争论,这是关于正义的问题。第二个问题有所不同,是更具诠释性的问题。政府的何种行为能够作出以下描述:它是没有接受将两大原则作为其行为的界限,还是与我们所要求的自我理解不一致的方式行动呢?这是人权问题,而且也是政治合法性的标准。

一种令人信服的合法性理论,必须建立在没有任何对真实或者假设的全体一致合意的预设基础上。它要建立在完全不同的假设基础上,即当公民从政治共同体中诞生,或者后来加入这个共同体的时候,他们就对共同体承担义务——无论明示或者暗示接受与否,他们都有尊重其法律的义务。但是,当且仅当共同体的政府尊重其人格尊严时,他们才承担这些政治义务。只有在以下条件下政府才尊重了人格尊严,即政府将他们的生命和他们对自己生命的个人责任视为具有同等重要性,并且按照尊严的那些内容的要求,努力以真诚的判断来治理他们的时候。对于将我视为二等公民的共同体,我对其不负有任何义务。南非实行种族隔离的政府,对黑人没有合法性权威;南北战争前的美国各州政府,对他们当作财产的奴隶也没有合法性权威。

合法政府必须不仅以适度关怀,而且以同等关怀来对待其治下的所有人。我的意思是,政府必须这样行动,其政策对任何公民的生活所带来的影响是同等重要的。在这个意义上,政治合法性并非全有全无的问题,而是程度问题。通过以下程序选举出的政府可以说具有充分的合法性:这种程序允许多数民众通过正当途径更替政府,并总体而言承认同等关怀与个人责任所带来的义务。这样，即便政府的某些政策——比如税收政策——对人的尊严漠不关心，大规模的不服从仍然是没有理由的。不过如果这些政策太过普遍，政府将会彻底丧失合法性。南非无法要求黑人公民在政治上对其效忠，因为它从整体上蔑视了黑人生命的同等重要性。而一个在税收政策上表现出唯独对穷人加以歧视的合法国家在道德上易受责难，这一政策将导致有限度的和有目标的公民不服从，但不至于导致革命。

在本章的其余部分，我除了关注正义问题外，也将关注合法性问题。我将追问，我们现今政府的经济政策是否达到了漠视穷人的停滞状态，不仅显示出对他们作为平等公民之权利的偏颇态度，而且显示出在对这些权利的关注上存在惊人的过失。当然，政府计划的受欢迎程度并不能够解答这个问题。我在第一章里指出，很多因小布什政府的减税而变得更穷的公民还是投票让他连任，而且在民意调查中继续支持他的计划。就像我在第一章所指出的，一些评论家认为，对于选民来说，他们对小布什宗教价值观的文化认同，比他们在其政策影响下的经济命运更为重要。[12] 其他评论家则假定，很多美国人赞成富人受益的税收政策，因为他们相信，就算希望渺茫，有一天他们自己也许也会变成富豪——所以从这个方面来看，投票给共和党就像是在买彩票。[13] 我们在考虑政府税收政策的合法性时，并不考虑这些因素。即便很多穷人认为政府正在对他们表现出必需的关怀，而其他人的看法正好相反，我们还是有必要追问哪种观点是对的。

然而，谈论政治合法性到现在，我还没有在保守主义者和自由主义者之间的任何一种论辩中表明立场。作为哲学问题，我对合法性的论述可能会充满争议，但我希望这不会是政治上的争议。所以我们现在可以借助整体共识来探讨税收这一话题。我们的问题是：政府如果要在政治共

---

[12] 参见例如，Thomas Frank, *What's the Matter with Kansas* (Henry Holt, 2004).
[13] 参见例如，Ian Shapiro, *The State of Democratic Theory* (Princeton University Press, 2003).

同体中给予每个人同等的关怀,必须采取什么样的税收政策?如果假定政府对每一个公民都负有相同的关心和注意责任,情况又会如何?

三、自由放任与小政府

在一开始我们就认识到,在一个大政治共同体中,允许或禁止政府从事的一切行为都影响到共同体中每一个公民所拥有并用以维持生活的资源。所以一个国家不能以拒绝承认每个公民经济地位的方式,来逃避平等关怀的要求。当然,在任何特定的时候,每个公民所占有的资源都是很多变量的函数,这些变量包括他在生理和心理方面的力量和能力,他过去的选择、运气、别人对他的态度,以及他生产别人所需要的东西的能力或意愿。我们可以将这些变量称作个人经济变量。但无论怎样,所有这些影响其实际资源与机遇的个人变量的结果都依赖于政治变量:依赖于他生活或工作其中的共同体的法律和政策。我们可以将这些法律和政策称为政治安排。

税法当然是政治安排中的重要组成部分,但在属于政治安排的法律中,其他部分——财政和货币政策,劳动法,环境法和政策,城市规划,对外政策,医保政策,交通政策,药品和食品管理,以及其他所有法律——也同样重要。在每个人的选择、运气、态度和其他个人变量同等给定的情况下,修改这些政策或法律中的任何一个,都会改变共同体中个人财富和机会的再分配。

所以,政府不能争辩说,个人拥有的资源取决于他的选择而不是政府的选择,并以此来逃避平等关怀的挑战。资源取决于这两种选择。政府控制之下的政治安排为每个人,为他关于教育、培训、就业、投资、生产以及闲暇问题所做出的每个系列的选择,为他可能遭遇的或好或坏的每一个事件确定了后果。因此,我们现在可以用或许更有条理的方式来重述我们的问题。鉴于政治安排对个人资源复杂而又戏剧性的影响,选择何种政治安排是以平等关怀来对待公民?例如,心怀公正的"家长"会做出怎样的选择？在这种公正的政治安排中税收扮演怎样的角色？而针对财富和收入程度不等的人,这种安排又会要求怎样的税率？

现在有人或许会说,政府并非公民的"家长",成年公民必须自立,政府应当放手让他们去尽最大努力过自己的生活,而不要用税制或其他方式来施舍。但是自由放任的建议忽略了我刚提出的观点:政府不能简单地置公民于不顾,既然政府的行为会影响人们所拥有的一切,那么政府就必须考虑其行为的后果。当然,如果大多数人期望的话,我们可以建立一个权力有限的极简政府,它除了维持警力和军备之外,几乎无权做任何事情,而且只收取行使这些有限权力所需的赋税。但这项政治决定也得是我们全体以我们的政治能力作出的。而鉴于我们现在或许已经建立起一个权力大得多的政府去帮助更穷的同胞,我们就更有责任表明:如我们决定建立一个最低限度国家的话,当如何以平等关怀来对待全体人民。

让我们设想这个回答:"仅以政府所作的一切都具有再分配效果为理由,并不意味着政府必须在决策时要考虑这些效果。相反,政府在决定政治安排中的每一个环节时,理应不考虑它的再分配结果。让保守政策支配保守法律,对外政策支配贸易联盟,军事政策支配军事预算等等,然后让分配的份额自动落到它们所需之处。"

然而,这种策略是不可能实现的。因为在这些政策决定中,每一个决策都包含了关于预算和分配的决定,而且这些决定自然都是分配性的。在没有对教育和医保投入的多少做出决定之前,官员们如何能对军事硬件投入多少做出决定？而如果没有关于所有经济阶层的公民都应当享有多少财富的一套理论,官员们又如何能够对这些问题做出决定？进一步讲,如果没有针对税收公平问题做出决定,他们如何能够决定对军事力量的投入？而且,如果没有决定向谁以及以何种税率征税才算公平,他们又如何能够做出决策？对于这个问题,没有中立的、自由放任的答案。即便是极端保守主义者也要做出选择。正如我所说,他们需要一种分配理论以支持极简政府的选择,或者哪怕在以下二者之间做出选择也好,它们要么选某些保守主义者所青睐的统一税率税收方案(flat-rate tax scheme),这一方案意味着富人以同样税率交税,但总体上纳税更多;要么选撒切尔的人头税(poll tax scheme)方案,在此方案下,不论贫富每个人就缴等额的税。

所以自由放任国家就是海市蜃楼。当然如果愿意的话我们可以说,一旦正确地设定了政治安排,就必须让人们尽可能地自主与他人进行交易——比如就薪水和价格进行自主决定,而国家不应干涉那些交易的结果。但显然,这不是回避何种政治安排是以平等关怀对待人这一问题的方式,恰恰相反,它假定有效的政治安排正是这样行事的。

我们应当考虑到,保守主义者或许会希望进一步减弱我所提出问题的冲击力。他们宣称,当政府追求某些集体性的、全局性的目标,而这些目标并不要求政府作为一个独立问题去考虑由此产生的分配公平问题时,政府便做到了平等对待民众。举例来说,假设政府无论采取怎样的政治安排,从长远来看,都以这样的内容为宗旨,即以总体财政术语来考量让共同体总体最为富足,或者以某种心理学层面来衡量让总体上最为幸福。这种政策可能会支持极为不均衡的资源分配——为了鼓励高级管理人员更加努力的工作,对享有高收入的高管征收低赋税,据说这种政策仍然做到了平等关怀每一个人,因为在考虑哪种政策让共同体总体上最富足或最幸福的过程中,已经平等计算了每个人的财富或幸福——或许如此吧。

但是这一对整体目标的追求会立刻进一步带来平等关怀的问题。政府或许尚未选择一个总体目标,或者选择了一个不同的总体目标:比如政府选择了一个更加复杂的目标,它追求整体富足或幸福,但通过某种方式限制这种追求可能造成的不平等,这种方式包括:要确保任何人的财富不能低于规定的底线,哪怕这么做意味着整体财富或幸福不会像不这么做那样丰厚。所以我们必须追问:如果政府采纳了一种不受限制的总体目标,而非一种与此不同的、有限的,但能够在某种程度上为那些处于经济等级底层的人带来较好生活的目标,并以此作为共同体政治安排的基础的话,政府是否表现出了对每个人的平等关怀?如果选择这种不受限制的总体目标造成的不平等太过巨大,政府也很难有理由声称这表现出了平等关怀。让我们设想一个家庭打算购置新房,并希望在可承受的范围内购买一个按照总面积来计算卧室最大的房子。假如这个家庭购买了这样的房子,但其中的一间卧室暗得可怜并且小得无法忍受,而且我们知道这间卧室属于最小的孩子,那么这个家庭是否对每个成员都显示出了平等关怀呢?

四、个 人 责 任

迄今为止,人们或许认为,我的论证是在推销一种非常激进的结论:不管人们做出怎样的选择,或者其运气将他们指向何方,只要政府做出政治安排使每个人都拥有同样的资源,那么政府便对其所有公民都表现出了平等关怀。但是这个结论过于仓促,因为政府也必须尊重人类尊严的第二原则,这个原则赋予每个公民以个人责任去确认和实现他生活中的价值。在前文中,我设想了政府和家庭之间的类比,而针对这项类比的反对意见确实有不少是正确的。成年人不是儿童,不必像儿童那样必须或者应当由他人代为做出重要决定;实际上,甚至并非所有儿童都是这种意义上的无法为自己做决定的儿童。我们需要这样的平等关怀的理念,它尊重公民的对其生命的个人责任和内在价值,而这种要求在本质上为政府在多大程度上确保所有公民在任何时候都拥有同等的资源提供了限度。

举例来说,假设有一项激进的平等主义经济政策,它一年一度搜集共同体的所有资源,并且进行平均的再分配,在此基础上取消上一年度的全部交易,并让人们在平等条件下重新自由地开始生活。那种安排就像是在每隔一刻钟就清除所有垄断资金和财产并重新开始,这当然会破坏整个游戏,因为任何选择都不会对任何人产生任何后果,任何人无论做了什么都将变得毫无意义。激进的平等主义经济政策至少在经济上将产生相同的效果:人们将与他们的行为所产生的经济后果相互隔离,因此无法为本人生活中的经济内容承担任何责任。在这样的世界中，我不会为了之后拥有薪水更高的工作而在学校待得更久，或者为了更好地教育我的孩子而现在省吃俭用，或者基于希望获取利润而精明地投资。这些选择没有一项合情合理，因为不管做过什么，可能最终我们都处于相同的经济地位；我不能为自己的选择承担任何经济责任，因为我的选择根本没有任何经济后果。

有一个不那么激进的平均主义规划虽然并不彻底与个人责任原则相一致，但在实质上与之相容。例如，让我们考虑一下罗尔斯备受推崇的正义论，根据该理论，一旦重要的自由权获得了充分保护，共同体的政治安排应当旨在使共同体中最不富裕的群体尽可能的富裕起来。这并不意味着所有公民应当拥有同样的金钱和其他资源，而是说允许有天赋的人保留他们挣得的更多金钱，这将会鼓励他们更加努力地工作，而这也将会使穷困阶层受益，因为这一政策与平均占有财富相比，将会带来更多的绝对财富。批评者认为，罗尔斯的原则忽略了绝对财富与相对财富同样重要的事实。他们认为，每个人都拥有一千美元，要比最穷的人有两千，而最富的却有上百万要好。

不过我现在想要提出一种不同的，而且在我看来更为重要的反对意见。罗尔斯只是根据成员所拥有的资源来定义穷困阶层，而对因为疾病而贫困，或者财运不佳的那些人，和由于选择不像别人那样努力工作或者根本不工作而陷入落魄窘境的那些人并没有做出区分。所以无论如何，他的提议并没有将落入穷困阶层的人的命运，建立在其个人选择或责任的基础上。如果他属于这个阶层，那么不管他选择什么样的工作，都会获得各种所需的再分配利益，以使得这个阶层的成员尽可能的富裕。如果国家不仅对没有工作能力的人，而且对有能力工作但更喜欢从事海滩捡拾的人支付救济金，这的确可能会提高贫困阶层的整体地位。因此，罗尔斯的方案也同时切断了个人选择和命运之间的联系，而这一联系是个人责任原则所要求的。

这并非罗尔斯正义理论的失察，他以创造他所谓的正义的政治概念为目标。在这一理念之下，人们可以接受他们所主张的任何一种综合观点，这些观点涉及一个人是否应当对于其生活处境接受个人责任这样的伦理问题。在第三章中我曾经提到，他希望在公共辩论中人们只围绕政治原则进行呼吁和争论，而不对关于人们如何度过其生活的私人伦理理想置喙一词。[14] 在那一章中，解释了自己为什么不同意这个观点。我认为，如果我们接受这一限制，在当下的美国我们将无法进行关于宗教在公共生活中扮演何种角色这一问题的真正论辩，因为我们鲜明的政治信念现在显得过于南辕北辙。我们必须尽量确认更多共享的关于尊严和个人责任的伦理原则，然后尽量探讨在彼此冲突的政治原则中，哪些是更坚实地建立在那些更基本的伦理立场之上的。如果我们希望就本章的主题创造出一种公共辩论的话，就必须遵循同样的策略。而今我们对以下问题所抱有的鲜明的政治观点处于完全对立的状态，这个问题涉及政府对于帮助我们中间的贫穷者和不幸者所负有的责任：保守主义者直觉上倾向于抵制或限制任何一项公共责任，而自由主义者则倾向于接受和扩大它。如果我们希望彼此之间进行富有建设性的论辩的话，就必须扩大论辩的基础；而且作为论辩的一部分，我们必须将人们为其个人经济命运所负有之个人责任这样的问题容纳进来。我们必须抵制任何声称根本不必理会这种责任的平均主义方案。

因此，国家的政治安排若忠实于我所假定的、为我们所共享的人类尊严的两大原则，就必须同时满足两个苛刻的条件。国家政治安排创造了财富再分配，而这些财富来源于个人变量的每种可以设想的部分——来源于公民可能作出的每一项选择，来源于他们可能遭遇的所有好运或厄运。这种安排必须以平等关怀对待共同体治下的所有人，而且也必须尊重他们的个人责任。因此，一个合理的税收理论，不仅必须包含关于最佳理解平等关怀要求的理论，还必须包括个人责任之真正后果的概念，而且它必须在同一个框架中找到同时满足这两个要求的方式。

---

[14] 参见第三章中关于罗尔斯的探讨以及 *Justice in Robes* 一书的第九章。

如果我们打算理性地探讨小布什的税收政策的正义性或者合法性，那么保守主义者和自由主义者双方，都必须尽力构建一种合理税收的理论，以此来满足这两个条件并支持其立场。在本章接下来的几节中，我将构建并讨论一种理论，我相信该理论能够阐明自由主义立场并显示出它的真正力量。然后我将考虑保守主义者对我的论点可能作出的貌似合理的反驳，并试图对那些反驳作出回应。保守主义者基于他们对两个基本原则的不同理解，有待建立一个替代理论来评估税收政策。如果他们能建立起一种足够合理的理论并支持现行的低税收政策，那么即便那个理论不完全令人信服，它也会毫无疑问地驳斥我的质疑——我们现行的税收政策不仅失之正义，而且也同样欠缺合法性。如果他们不能做到这一点，我的质疑将得到强化。

我应该对这种讨论方式可能产生的一种驳斥意见做出回应。或许有人会说，我正在错误地将税收问题从其他社会正义问题中孤立出来。情况似乎是这样的，很多互不相同的政治安排都会满足人类尊严的两大原则，其中税收扮演着与众不同的角色；而且有一些政治安排并不特别依赖于再分配的税收方案，甚至完全不依赖于这种方案，以至于我们不能说任何一种特定的税收方案必然为正义或合法性所需要。[15] 例如，在某种社会主义社会，可能会以每个人都享有大体同等的生活标准来分配工作、确定工资并提供住房、医保和其他福利。通过这种方式，这种政策或许能满足平等关怀的要求，而无需依赖税收和财富的再分配作为一种重要的手段。

但是，在经济为集体决定所严格控制的社会主义社会里，对个人责任的深层要求的尊重无法得到满足。一个共同体只有在其公民获得极大的自由，去对工作、闲暇、投资和消费作出自我决定的条件下，只有在它让市场的力量来确定价格和工资时，才可以说它尊重了这个要求（我已经在别

---

[15] 在 Liam Murphy and Thomas Nagel 的著作中这一主张得到了有力的论证，参见 Liam Murphy and Thomas Nagel, *The Myth of Ownership: Taxes and Justice* (Oxford University Press, 2002).

处详细辩护了这项主张）。[16] 但是，若一个共同体确实允许个人选择在确定价格、工资和其他经济因素中扮演决定性角色，而允许个人选择扮演这样的角色却导致对财富的分配如此不平等，以至于主张平等关怀的政府必须以某种方式对财富进行再分配的话，那么政府就的确必须依靠某种税收方案去实现平等关怀的目标。因此，可以将我们的问题合理转化为一个社会需要何种税收方案的问题，而这种税收方案能够同时展现平等关怀和对个人自由的尊重。

五、事后平等与事前平等

到现在为止，我还不能提出一个非常详细的税收方案，有太多东西都依赖于不为我所知的事实，而且无疑这些事实瞬息万变。这就是为什么我所承诺给出的是一个税收理论，而不是一个详细的税收方案的原因。即便如此，针对现在围绕税收的争论而出现的各种空洞无味的夸夸其谈，我们可以作出一些改进。既然我关注的是合法性问题与正义问题，那么我将试着建立一种框架，它允许我们不仅可以追问何种程度和种类的税收是最优选项，而且还可以追问何种程度的税收将显得太低，而不能作为以平等关怀对待穷人的善意尝试，其辩护理由是什么。我将把问题聚焦到谁必须在税收中付款这个问题，而不是聚焦于征收的税款将如何花费这个具有同等重要性的问题上。我只是认为，在共同体中应当以有效减少不平等的方式来进行花费。也就是说，要么通过将金钱或商品转移给个人，像通过失业救济金或食品券计划那样；要么通过更具集体性的实物福利计划，像诸如公共住房或国家健保规定那样实现这一点。当然，这些支出问题是复杂而重要的，不过我们现在还是聚焦于征税-支出等式的征税一边。

我重申一下刚才所强调的内容。个人责任原则要求一个以自由市场

---

[16] 参见 Dworkin, *Sovereign Virtue*, chapters 2 and 3.

为主的经济组织,以便个体民众而非其政府去界定他们生活其中的经济文化的主要构成要件,包括他们选择购买的不同种类商品的价格,以及他们选择的提供服务的费用。只有通过这种方式,人们才能履行他们的责任,以确定和实现自己的生命价值。因为只有那样,一个人购买或生产的商品的价格才会反映出它对于别人的价值。只有广泛的市场经济,才会尊重个人责任所具有的重要性。

但是当然,市场造成了极大的不平等。这不仅是因为某些人在工作多少以及如何消费的问题上做出了更加昂贵的选择,而且更富有戏剧性的是,这是因为某些人比其他人更善于创造出他人认为有价值的东西,某些人在投资方面,在遭遇的事故和健康状态方面有着更好的运气。一个平等关怀全体公民的共同体,不能简单地漠视后一种才华和运气的变量,因为共同体本可以选择一种完全不同的政治安排,这种安排本可以实现一种更加平等的、完全不同的分配制度。即使其计划很受选民整体——包括那些不能从这些计划中获得实惠的人——的欢迎,它还是必须要对那些心怀不满的人解释,为什么选定的具有特定框架的市场体系是以平等关怀对待他们,尽管这种选择所带来的贫困地位坑害了他们。通过征税和支出政策所实现的再分配,似乎是明显的解决之道,因为税收在人们做出选择之后发挥作用,所以与更具强制性的经济体制相比,它对价格和选择带来的影响较小。

因此,我们必须通过以下假定来建立一种税收理论:即假定当一个共同体的经济体系允许公民获得真正同等的机会,让他们根据自身价值去规划人生的时候,这个共同体便做到了以平等关怀对待公民。我们可以说,当人们的财富和其他资源依赖于他们选择的价值和成本,而非依赖于运气——包括他们从父母和其天赋中获得的遗传的幸运时,他们便是拥有同等的机会。在其他地方,我已提出了一系列理由,证明这种理想无法获得完美的实现[17],但是,我们可以将其作为理想标准,以此来尝试界定

---

[17] 参见 Dworkin, *Sovereign Virtue*, chapters 2.

一种既是最优的合理税收计划,也是一个符合合法性要求的最小限度的再分配税收计划。不过,鉴于政府可能在人们生活的不同方面致力于人人平等,而政府选择在哪个方面这样做事关重大,因此现在我们需要作出一种至关重要的区分。而从经济学上作出的技术性区分,将有利于解释这一选择:事前和事后平等。

当公民占有财富的差异,总是能够完全解释为缘于他们对于以下几个问题所做的选择——即是否工作,工作多少以及储蓄或消费多少等,当他们只有凭借这些选择去占有财富,而且不受在天赋、投资或健康等运气方面的任何差异影响时,共同体就已经建立起了完整的事后平等。所以当某人的财富不如他人,是因为他缺少天赋去从事别人能够驾驭的高薪水平的工作,或者因为他罹患疾病而无法工作,或者是因为他没有过错地承担了巨额的医疗费用的话,那么只要有可能,主张事后平等的政府将承诺恢复若没有这些残疾或事故的情况下他本来可以达到的地位。另一方面,当一个政府在可能使人们变得不平等的任何命运发生改变之前,竭尽所能将人们置于平等的地位——也就是说,在被称之为好运或厄运的事件或情形发生之前这样做的话,这便是一个致力于事前平等的政府。它可以通过以下方式促进事前平等,例如安排所有公民有机会在同等条件下购买合适的保险,以对抗创造性天赋的不足或运气不佳。

乍看起来,事后平等可能恰好是真正的平等关怀所要求的。毕竟,某人严重受伤或者瘸腿却只能通过补偿金的方式接受保险理赔,这与他完全没有受伤时相比,情况还是要恶化很多。如果共同体能因他的存在而变得更好,那么对他的命运给予平等关怀似乎可以证明共同体理应做得更好。许多平等主义者坚持认为,只有事后平等作为普遍的政治理想才能自洽。

我不赞成这一观点。保守主义者拒绝将事后平等作为理性的甚或是可辩护的目标是正确的。将事后平等作为政治的更高理想,这将带来一系列的问题。首先,在运气给人的生活造成的差异中,比较好的部分是投资的运气。你和我都以同等关注来研究股票市场,我们做出虽然不同但同样有水准的选择。你的股票升值而我的贬值,你发达而我落魄,这仅仅是因为你的运气比我好很多。但是,共同体无法在不破坏整个经济投资体制,以及与之相伴随的经济生活的条件下,来采取措施将我拉到与你平等的水平。如果最终我们谁也不能通过自己的投资决策来获益或受损,我们的选择将变得毫无意义,而我们也不会再进行选择。那将不仅使我们的生活恶化,而且侵犯我们的个人责任,正像我此前在本章中反驳激进平等主义者的正义理论时所讲的那样。我们在生活中所作的多数重要决定是投资决定,其结果在相当程度上依赖于我们的运气。例如,所有接受培训或从事某项职业而不是其他职业的决定之所以能够取得成功,通常取决于一系列的偶然性。比如,我们能否发现自己具有必要的潜能,或者技术变革是否令我们的培训失去意义都有偶然因素。假如共同体致力于保障我们的命运决不掌控在这些投资赌博的发展上——假如它保证,不论我们的职业选择结果是否符合我们的兴趣或才智,我们都将获得相同的工资——这将最终严重削弱我们自己对选择所负有的责任。所以,任何一种貌似合理的事后平等,都应当将投资的运气和其他形式的运气区别开,并拒绝将前者作为再分配的基础。

其次,即便将事后平等限定在非投资性的运气上,把它作为一般的政治理想也是非理性的。例如,任何共同体若倾其所有,去提高那些在事故中致残者的地位,这个共同体都将在所有别的事情上变得囊中羞涩,结果所有其他公民的生活将变得不幸。因为无论共同体在设施和个人援助方面花费多少,残疾人仍然比过去变得更糟,而共同体也将被迫花费更多的财富在他们身上。[18] 这一政策将无法反映任何人的实际优先权,包括遭受严重伤害者的优先权。如果由他们来做出选择的话,因为考虑到事故致残这种事情的几率,他们不会认为,消减生活其他任何方面的需要,以投资于最昂贵的保险是一种明智之举;故而在受伤之前,他们不会倾尽所有去购买可能最好的事故保险。这就是为什么事后平等是非理性的

---

[18] 参见我在 Dworkin, *Sovereign Virtue* 一书中第八章与第九章的讨论。

原因。

一些激进的平等主义者也许会认为,这些反对事后平等的观点非常糟糕。因为他们也许会说,这些反对意见只是表明该目标不应被极端地实施,我们应当坚持的只是合理程度上的事后平等,即维持一种使得共同体能够支付,而无需过多损害投资机制,或无需花费共同体的过多财富来补偿事故受害人的程度。然而,这一软化的目标表述将变成自由主义者的政治灾难,因为它肯定会使税收战争保持对抗性和印象性,而不是彻底解决。它无法对事后平等在何种程度合理这个问题提供任何指引,而且它允许那些要求更低税负的人们宣称,即使是现在生效的那些微不足道的补偿计划所带来的负担也是过分的,因为它们所造成的经济损失太过巨大。"合理"的事后平等是一种任意的标准,它为伪善和自欺留有很大的余地,因此即便是在一个热情拥护它的社会里,也只是为穷人提供了很少的保护。

无论如何,我们正在试图建立这样的计划:它不仅要为一个足够正义的国家建立最优的税收计划,而且要建立符合政治合法性的量入为出的计划;同时,如果事前平等作为一种关于平等关怀的解释值得予以辩护,而它与完全的事后平等相比显得并不那么慷慨,我们就应当将事前平等确定为最低目标。但是,我们需要对事前平等的内涵作一些更详细的表述。显然,它涉及在广大范围内的社会努力。例如,如果与其他人相比,有些工人面临着严重事故所带来的更高风险,那么通过车间安全计划减少这些风险所造成的不平等将会增进事前平等。但是我将集中说明最容易被税收体系所打击的不平等来源:人们在通过各种保险预先保护自己以抵御风险时所具有的能力之间的不平等。

六、正义的意象

视野宏大的政治哲学几乎总是依赖隐喻和意象,因为一种社会正义理论必须被一些生动的理念所激活,这些理念涉及人们应当对集体政治和社会生活所采取的态度。两大意象已经主宰了经济正义理论:一个是想象的社会契约隐喻,它为从富向贫进行的再分配方案提供支持;另一个是保险池隐喻,它为社会全体成员作出贡献而贫困者从中抽取财富的实践提供支持。社会契约的理论意象,已经在政治哲学中扮演了更为重要的角色。在17世纪,霍布斯设想出一种社会契约,以此描绘一个由极度自我中心的个体——比如贸易公司——所组成的共同体,为了长久地保护和增加个人利益,他们互相缔结契约。罗尔斯却利用契约机制得出了一种完全不同的结论。他设想:人们在他所谓的无知之幕后面缔结契约,这样他们将不知道自己明确的自我利益落在何处;正如他所解释的那样,这种架构方法可以表明,在人们之间建立公平合作条款的的后设意愿是建立在互相尊重的基础上。罗尔斯的契约界定了一种对于财富的事后分配:各方均同意,共同体中最为贫穷的群体最终应当尽可能地实现富足。

与契约隐喻相比,政治哲学家们很少使用保险隐喻,但是它已在政治实践中扮演了更为重要的角色。英国费边运动的政治家,美国的罗斯福新政以及战后欧洲的社会民主党全都提议,将他们所发起的再分配计划——例如社会安全、工人补偿和济贫项目——理解为庞大的保险计划,用以防止事故、疾病、失业和其他形式的厄运。他们说,应当将人们资助这些计划的税收理解为保险费用,以及在人们生病、失业或者处于其他一些贫穷境地下作为保险利益获得的收益。通过这种方式,政治家希望宣扬这些计划所主张的事前平等的好处,因为尽管契约意象试图为事后平等辩护,保险意象则青睐事前平等。

契约隐喻受到一种古老而失败的梦想的激励,这种梦想是在所有主体之间建立政治秩序的假想或设定的共识中找到社会正义的某种根基。保险隐喻则更为现实,因为确实可以将缴纳税收视为支付保险费。而且这一隐喻也更具启发性,因为正如我们所知,税收的程度和结构可以由实际的保险市场来引导。保险隐喻在政治上也比契约隐喻更有力量,因为它以一系列吸引人的方式引起人们的共鸣。将再分配的社会计划形容为保险体现了社会团结;它表明,一个政治共同体的公民已经通过分摊风险的方式重新确定了他们的集体身份。保险隐喻给再分配计划增添了一种公民审慎和责任的特殊氛围,因为承担责任的人之所以会购买保险,是为了保护自己和家庭能够抵御不可预知的危险。它并没有将再分配的政治计划视作为恩典而赐予人们利益的慈善活动,而是将其看做一种赋权事务;民众有权根据保险政策来获得补偿,因为他们预先已经为这种保护支付了价款。这种保险隐喻因为其再分配计划所表现出的财政纪律而取信于共同体。由于设计良好的保险计划在收支结构上能够保持平衡,因此受人尊重的保险公司在经济上拥有良好的声誉。最后,保险隐喻在整体上对共同体所做出的承诺具有经济合理性,参加者能够自由选择不同级别的保险计划;而这种安排允许人们明智地做出决定,考虑将他们财富中的多少份额投入到风险管理上,将多少留给他们生活中的其余部分。

所以政治家应当发现,保险隐喻对于他们的计划来说是更为诱惑的包装;而该隐喻的诱惑力,转而证实了事前平等作为政治目标的吸引力。然而现在我们必须考虑,这样使用该隐喻是否具有欺骗性。因为尽管我刚刚描述的有效保险计划具有许多优点,而这些优点的确全都在人为的特定情境下得以实现,但是这种情况与那些社会计划运作的实际情境大为不同。假设财富和缺陷大体相同的人们组成一个共同体,其中每个人与他人一起,在一个自由而有效的保险市场内自愿地参加保险,而该保险市场以相同保险费率为所有人提供平等的保障。如果这样的话,人们之间的个体性决定,确实能够塑造一种公平而且在财政上有效率的事前平等安排,而每个人都行使了自己生活的自主责任。但是,如果我们打算把这种熟悉的社会计划作为保险计划来运行的话,就必须承认,这种计划将在很多方面偏离理想描述。

首先,再分配计划通常不是自愿的而是强制的。这种计划要么通过法律来要求人们进行特定水平的投保活动并从中获得资助——例如要求雇主为他们的工人提供各种形式的保险,而这意味着偏低的工资;要么通过每个人必须缴纳的税收来征款。其次,在实际上,政治共同体的公民并不都拥有相同的财富和弱点:一些人比他人更穷,一些人则比他人更容易遭遇强制保险计划所针对的不幸。的确，一些人已经遭受了某些这样的不幸：他们出生时在某些方面残废，或者缺乏市场所看重的技能。在实际的保险市场中，更容易遭受风险的人比那些不那么容易遭受风险的人支付了更高的保费。已经遭受灾祸的人不能回头针对它们进行投保，而且承保人并不会以更低的费率来为穷人提供保险。然而，在典型的再分配计划中，那些更容易遭受风险的人并没有比不那么容易遭受风险的人支付更多的费用。在制定计划之前，人们已经承担了降临的不幸。而且不管怎样，富人比穷人以更高的税率支付了资助计划的税款。

因此，我们必须追问的是：给这些计划贴上保险的标签，或者宣称它们具有我们与一般保险市场相联系的公平和效率的优点是否具有误导性。我相信，而且现在将论证，这种说法不具有误导性。恰恰相反，以系统和详尽的方式进行保险的类比，是建立令人信服的再分配税收框架的关键。其原因在于，这种保险类比揭示和运用了一种最为重要的理由，它说明了为什么再分配税收对于以平等关怀对待公民是至关重要的。将保险和平等联系到一起的流行直觉是个很重要的洞见。

七、假设的保险

我可以迅速解答其中的原因。正如刚才所说，如果人们掌握充分的信息，他们为了抵御医疗和经济不利状况而进行投保的能力平等，并且他们在一个有效的保险市场中能够如所愿自由地做出投保决定，那么事前平等将会得以保证——尽管恰如生活的实际情况那样，这些不幸更重地落到了某些人而不是其他人的头上。因此，我们之所以通过一般性的市场无法达到事前平等的合理水平，主要是因为人们投保的能力不平等。我要重申一下：有三个主要原因让一些人在获得保险的问题上，比别人处于远为不利的地位。首先，一些人拥有的财富相对较少，因此他能负担的保险也就较少。其次，一些人出于某种缘由更容易遭遇特定的不幸，而这些缘由能够为保险公司所发现。例如，难以控制的高血压患者更容易心脏病发作,保险人要么会对他们多收费,要么干脆拒绝投保。第三(这也许可以看做是第二点的一个方面),一些人想要通过投保来防范的情况已经发生。例如,他们出生时就缺乏在劳动力市场获得较高回报的聪明才智。这些缺陷相互影响,以至于存在某种缺陷的人更容易在其他方面也表现出缺陷。不过,我们可以矫正这些先天的不平等,而不会像任何事后平等计划那样,可能出现不自由、不理性以及完全无法实现的后果。

不同种类的保险要达到何种水平才能使我们放心地预期,如果共同体的财富在民众之间平等分配,绝大多数有理性的人都会购买保险;或者如果就算每个人都获知不同形式厄运的总体几率,也没有人有任何理由去考虑他自己已经遭遇过这种厄运,或者比其他任何人有更多或更少的几率遭遇这种厄运?通过对这个问题的思考,我们可以矫正那些先天的不平等。我认为,这就是在任何政治共同体中,对于确定再分配赋税的最优税率具有决定性的问题。如果知道我们对人们的品味和恐惧的了解程度,知道我们对于治疗疾病或者弥补行为能力缺陷所采用的技术手段的可行性以及代价的了解程度;那么我们就有信心认为,在这些假定的情况下,几乎每个人都可能经过深思熟虑而至少购买一种特定水平的保险,来抵御事故、疾病、失业或者低收入情况的发生——如果我们自信在大多数人的眼中,不买某一特定水平的保险是非理性的——那么便可以放心地假设,共同体中的穷人和不幸的人没有投这种水平的保险的原因,就是事前平等以我刚才所描述的方式遭受了损害。[19]

我们可以通过以下方式来设计一种税收体系,来对导致不平等的那些不可接受的原因作出矫正。设想如果共同体中的每个人都购买这种水平的保险,那么总体保险费支出大概会是多少,接下来将每年的税收总额安排出一笔款项与假设的总保险费相持平。通过假设,如果每个人已经

---

[19] 我们不能排除以下情况的可能性,即某些极少数人自己至少不会投保到这种水平。但是如果的确有人不会投保的话,我们无法知道哪些人不会这样做;而且如果以下可能性是如此之大,即任何特定的人都会以这种水平进行投保,那么公平便要求我们按照他会如此行事的假定去对待每个人。

购买了这种水平的保险,那么整体保费将会衍生出足够的收益,从而使共同体届时能够为那些遭遇厄运的人提供有权获得的补偿,这种补偿也许会以直接转换的形式出现——例如,以医疗费用报销或者失业补偿金的方式——或者例如通过一种单方付款的健保体系,以公共支出来为投保人提供受益。

这就是我所提出的一般性框架,这一框架可以用来反思和辩论我们政治共同体的公平税收水平。[20] 我们可以通过以下方式为这个框架充实细节:即在我所设想的假定公平的情境下——当人们拥有大致平均的财富,并且面对保险列明的风险的脆弱程度都差不多时——进一步推断出可能出现什么样的保险市场。举例来说,显然在这样的市场里,人们所支付的保费将依赖于他们未来的收入。那些拥有更多收入的人会为同样的保险范围支付更多的保险费。经济学家使用了另一个术语,"预期福利"(expected well-being),这对解释其中的缘由有所帮助。你的预期福利通过以下方式获得计算:即设想如果你的生活经历与现在不同的话,你将会多么富足或者贫困,在考虑到每一种生活的可能性之后,然后你在这些可能不同的生活选择中决定你的平均福利。人们着眼于他们的预期福利来购买保险,他们既不想在发生不幸时生活太过窘迫,也不想在没有发生不幸时,过得比他们没有支付保险的保费时差很多。

我们设想,人们之所以购买保险,是为了他们在发现自己创造性才智有限,或者就业运气不佳,或者遭遇严重或者昂贵的疾病或者事故时,确保自己的幸福生活。这种保险可能非常昂贵,而且购买者可能会尽量将保费的真实成本保持在尽可能低的水平——支付保费会对他们的预期福

---

[20] 更精确地讲,这是一种针对在一个税收体系中需要何种公正的问题进行反思的框架。赋税为不属于再分配性质的公共利益进行支出,而且它们也同样服务于财政政策与社会正义。赋税增减的时间安排,必须考虑到经济整体是否需要刺激或抑制。允许政府有余地进行时间安排符合每个人的利益,包括那些处于底层的人们的利益。但是即使当财政政策支持减税时,分配问题仍然存在,而由富人纳税者承担的份额理应增加而非减不仅是公平的,而且也是有效率的,就像在布什政府任期内表现的那样。实际上,任何来自于政府减税的财政收益都来自于对中产阶级和穷人的适度减税,而非来自于对富人的那种更富有戏剧性的减税。

利产生影响。因为额外的一美元对穷人来说,比对富人要重要得多——经济学家说这种金钱具有"边际效用递减"的效应——人们将保费建立在实际工资的基础上,这样做是最有效用的,因此他们支付的保费中工资所占的比例会随着工资的增长而增长,而那些实际收入较少的人比他们在同等保险费率的情况下所支付的金钱少。因此,如果根据假设的保险理论来建立我们的税收结构模型的话,那么我们将会坚持一种等级差别很大的累进税率体系,以至于那些收入更高的人将会以更高的税率纳税。对我们事前平等的理想来说,单一税率方案将是令人反感的。

主要的生利性税收是否应继续是所得税?抑或像一些经济学家所建议的那样,应该是鼓励储蓄的消费税?如果我们确实想用消费税来增加财政收入,就要谨慎,既要保持税收总体水平像假设的保险比喻所要求的那样高,也要保持税率像这种比喻所要求的那样是累进的。一种倒退的销售税制显然不具有合法性,它要求每个人为购买物品交同样的税。还有遗产或继承税的问题,这是全世界税收计划的一个突出特点,但共和党人将其称为向死亡征税,并已经整整一代人都反对这种税收。在一个经济等级体系中,再没有什么比像铲除遗产税的野心这样,更能象征和代表保守主义的信仰了。

但是,有一些保守主义者反对遗产税的理由尚有可取之处。以同样的税率征收遗产税而不考虑其受益人的数量或财富,这看起来确实毫无原则。而且也很难在事前公平的假设保险模型中得到支持。将任何形式的大额礼物——包括遗产,作为适用普通税收的收入项目可能要公平得多,也更能够与事前平等相符合。[21] 不过,如果税率是适当累进的,那么一次性的、不可回复的收入类别适用特别的规则,即允许接受者在数年中分期缴纳收入。

---

[21] See Murphy and Nagel, *Myth of Ownership*. See also Justine Bur-ley, ed., *Dworkin and His Critics* (Blackwells, 2004), 353.

八、合法性与反对意见

围绕着假设的保险进路及其对一种有效的税收结构细节产生的影响,我已在别处讨论了其他几个重要议题。[22] 在这里我不再继续讨论这些细节,但是转而强调我的主要结论:只有各种税收至少提供了我们可以放心假设的最低限度,使得有反思能力的人们在以我所描述的方式处于事前平等的情况下,还是会为自己投保的时候,税收才是公平的。对这种实在复杂的反事实性问题提出最佳答案,经济学家无疑会表示反对。他们会对以下问题表示异议,即在想象的条件下,假定人们会购买何种保险以及多少份额是稳定的,以及因此回溯来看,何种水平的税收对于事前平等是需要的。但是没有人会认为,美国的现行税收政策能够通过这种标准得以正当化。很多美国人在罹患重病时,甚至无力承担最起码的医保,很多失业的美国人甚至支付不了自己和家人最简朴的住房或营养费用。没有人能够郑重地建议,如果他们曾像他们更富裕或幸运的同胞所做的那样,有相同的机会购买保险的话,这些美国人本不应该为自己购买足够的保险,这样他们现在可能已经过上比购买保险更好的生活。

本章的开头,我将正义问题和合法性的问题区分开来。我所追问的是,国家现在漠视穷人命运的程度,是否不仅引起了对其财政政策正义性的质疑,而且引起对它的合法性的质疑。这依赖于政府的政策是否可以被理解为,是否至少以平等关怀所要求的某些令人信服的理由对穷人体现了平等关怀。我现在已经论证,平等关怀要求政府致力于在其公民中贯彻事前平等,论证了假设的保险标准提供了事前平等所要求的最佳表述,也论证了我们现有的财政政策无法令人信服地被认为是提供了这种标准所要求的那种形式的平等。所以至关重要的是,我们现在想追问:那些为政府经济政策辩护的人会怎样回应我的论点,他们是否能够提供任

---

[22] 参见 *Sovereign Virtue*,尤其是第二章和第九章。

何其他确定公平税收的框架,它能够反映出一个完全不同但无疑值得赞赏的平等关怀所有人的理念吗?

繁荣。布什政府宣称低税收有利于整体经济。如我所说,这是已被很多著名经济学家所否定的,令人怀疑的主张。与克林顿政府时期相比,针对富人的税收明显降低了,而大多数人的经济状况却恶化了。该主张立足的主要假设——当他们的税收降低时,富人将更加努力地工作并且创造更多产出——是反直觉的而且依然无法证明。[23] 但是为了这场论辩,让我们假定在所有其他方面保持平衡的条件下,当降低税收时整体繁荣的确会增加。但现在光凭这一点,无法表明任何有诚意的内容,因为它并没有提及公平。一个通过降低税收来增进整体繁荣的国家,或许就像我所设想的家庭那样,它购买一套房子来增加各个卧室的面积,但其中一些卧室只有简陋的柜橱。合法性是平等关怀人的问题,而不是关怀某些抽象数据的问题。

有人已经建言,从长远考虑,每个人都能从增进的总体繁荣中获利,因为这会创造就业并且允许来自顶端的财富"流向"每个人。但是这一主张看起来是错误的,因为即便是在国家十分繁荣的时期,例如克林顿政府时期,穷人的地位也没有得到多少改善。就连我们所谓的中产阶级受益于小布什的减税措施的说法也是不明确的,更何况穷人肯定是没有从中受益。唯一明确的赢家就是那些已经致富的人,这可能就是那些脑中有长远规划的人吧。他们的意思是,我们应当不仅考虑到最近几年实现的收益,而且要考虑到世世代代的收益。但是考虑得越长远,就越与这种假设无关,就像凯恩斯所指出的那样,从长远来看我们都是要死的。我们把

---

[23] 参见例如 Jeff Madrick, "Health for Sale," *The New York Review of Books*, December 18, 2003. "由马丁·菲尔德斯坦(Martin Feldstein),里根总统的经济顾问委员会的前主席为代表的著名经济学家所声称的,高税收阻止人们努力工作及更多投资没有站住脚。克林顿在1992年增加的税收,有助于或至少没有妨碍1990年代后期的经济繁荣,而菲尔德斯坦和其他人曾警告说这将会减少对工作与投资的刺激。"关于一位公开的右翼评论家的类似观点,参见 Bruce Bartlett, "What Bush Boom?" http://economists.view.typepad.com/economists-view/2006/03/what_bush_boom.html.

平等关怀赋予那些现在活着的人,而不只是或者主要地赋予你我推测中的后代,无论如何,这些后代特定的身份认同都依赖于我们现在如何公平地对待穷人。

安全网。因此,我们必须尝试建立一种涉及公平而非繁荣问题的保守主义式回应。保守主义者可能在一种非常基本的层面反对我的论点。他们可能会说,平等关怀甚至都没有要求事前平等;如果共同体提供了一种安全网,为每个人提供了体面生活,这就已经足够了,无需保证为任何人提供实际平等的任何形式或措施。我们现有的政治安排甚至没有提供安全网,大概是个充分的回答。它并没有防止很多美国人坠入任何人都会认为不可接受而又极不安全的悲惨境地。然而这一反对如此具有根本性,以至于我们应该考虑它的前提:这个前提是,如果政府满足公民的最基本的需要,就无需在公民之中努力建立起任何一种形式的经济平等。

实际上,很多卓越的哲学家,包括自由主义哲学家,都质疑平等是否是个恰当的政治目标。他们说,我们应当以每个人最低的体面生活标准为目标,而不必采取进一步保证每个人拥有同一生活标准的目标。但是,正如那个公式化表述所揭示的,这些哲学家假定平等意味着事后平等。我同意他们,而且同意任何一位接受了他们观点的保守主义者,即事后平等是极不现实的;而且我将会补充的一点是,事后平等也是不公平的目标。重要的反差来自于事前平等与我们赋予每个人的,超出平等关怀的其他最低标准之间,这种事前平等通过一些类似保险机制的东西获得推行。但是不经过一些关于以下问题的论辩,我们不能勾勒出这种反差,或者在这些选项之间做出选择:即为什么一种更低的安全网比假设的保险式的论证更具有可接受性,以及为什么这些选项都没有被提供。保险机制是一种安全网机制:它设置了一个基准。但它是一个有原则的安全网:我们可以将它作为对平等关怀所要求的合法解释来予以捍卫。哪种论点能够确定并论证一种保障的更低标准呢?

保险机制。保守主义者也许会在一个不那么基本的水平上定位他们的反对意见。他们也许会同意将事前平等作为一个理想,但是不同意能够建立起足够好的假设保险机制,以服务于这个理想。这样的论点也许站得住脚,我也会因为这种论点有助于促成关于公平赋税的一场真正论辩而表示欢迎。不过,我不知道他们将采取什么形式参与论辩,因此难以作出预计。或许保守主义者会接受假设的保险标准,但他们认为,在实际上处于假设情境下的人们所购买的保险会比我所设想的要少得多,或者会拒绝那种累进税率结构,而我认为人们会支持这种结构。重申一遍,我会欢迎这样的论点但无法作出估计。

我们承担不起。不过,保守主义者更可能提出完全不同的论点。他们也许会承认,假设的保险的确会成为设计税收的公平方式;但是他们会坚持认为,我们无法承受这种实现公平的方式,因为在穷人身上花费如此巨大以至于会令共同体破产。或者,他们会说,尽管保险的设想已经论证了特定的份额,但从富人那里拿走这些份额将会意味着政策堕落成为均贫政策。然而,这些反对意见都来自于错误的认识,它们表现出对事前平等与保险机制的错误理解。事后平等,如果它曾经在政治上是可予追求的话,的确会造成共同体的破产,并会带来均贫。但建立假设的保险机制,是为了确保我们能够承担起它所论证的那种平等。

它所考虑的是,人们将会把他们假定平等的财富中的多少份额用于投保,以抵御未来的悲剧或者失望?而如果并没有出现这些意外,没有任何理性的人会拿出这么多份额来投保,以至于使他无法过上舒适的生活?这种考虑对穷人和富人同样适用。我已经假定,人们将使保费对财富具有敏感性,即便他们经济上取得成功,也不会同意让保费高到使他们被这些保费拖入不幸的地步。据说高税收政策是无法承担的,因为经济全球化意味着资本会逃逸到低税收国家,从而威胁到美国的就业水平。也许存在一种通过某种方式使得资本外逃变得更加困难,或者变得不可能实现的征税方式——例如,因为美国根据公民在世界范围内的收入来征税,故而强调个人收入或者消费税,而不是强调营业税可能会降低对投资海外业务的刺激。[24] 无论如何,假设的保险实践考虑了所有这类因素。因为例如,如果每个人都在特定水平上投保的话,我们对于任何既定失业保险所需保费的计算,都将反映出我们对经济行为影响的假设。请记住,我现在并不是在争辩说,我们应该对自己课以在假定情况下人们认为貌似合理的最高水平的税收。即便如此,反对意见仍然建立在错误认识的基础上,因为还是依据假设,我们能够承受那么多税收。但是我现在只争辩一点,我们必须对自己至少以那种水平征税,低于这个水平的话,人们不会投保的假定将变得完全没有道理。如反对这种更为平和的主张,那种认为我们无法承受这种公平的反对意见将显得更加愚昧。

自由权。如果继续减税,特别是如果战争和其他费用持续飙升,联邦政府能用于其他各种项目——例如环境保护、工作场所安全、收入资助以及医疗保险和医疗补助——的经费将会更少。对于自由主义者来说,这是个反对减税的有力论据,对于保守主义者来说这却是个支持减税的有力论据。他们相信这样的计划威胁到了个人自由,因此低赋税是保卫自由的好策略。一些保守主义者用一句口号来表达这个策略:我们必须让猛兽挨饿——他们说猛兽就是联邦政府,减税使我们从它的专制之中获得自由。这个建议误解了自由权作为政治价值的属性。正如我在第三章中所说,没有任何关于自由权的可辩护的理念,能使像失业保险、食品券以及医疗补助这样的政府计划构成对主体自由权的侵犯。

一些保守主义者所秉持的相反结论,扎根于以州权对抗国家政府权力的狂热。这里并非考虑以下问题的场合,即再分配税收的负担是否,以及如何应当在美国的州与国家政府之间进行划分。我所关心的只是合法性对我们政府的整体结构提出怎样的要求。不过我可以试着猜测,多数希望在联邦层面让猛兽挨饿的人,也不会对更具地方性的高福利和其他

---

[24] 不过,有证据证明,企业更喜欢高赋税与经过教育系统受到良好教育的劳动力,而高赋税使这种教育系统成为可能。参见 Paul Krugman's account of Toyota's decision to build a new plant in Ontario rather than in the American South, "Toyota, Moving North," *New York Times*, July 25, 2005, section A, p.19.

再分配计划有什么兴趣。他们想让所有可能从他们那里拿钱的猛兽挨饿,不论这只猛兽是大是小。对于这种反对意见,可能还有比我所洞察到的更多的内容,但他们必须向我指出这些内容。

在先所有权:这是你们的钱。在感情上,这是保守主义者支持低税收论据中的最强音,但它也是最令人困惑的。[25] 这个论点肇始于这样的假设:在道德上,人们有权按照他们认为最好的方式,来处置他们的投资所得和薪金或者继承所得。这是他们的钱,政府无权从他们那里拿走并给别人。这一主张可能在最深的层次上挑战了我的论点,因为接受它的人能够承认,政府应该给予所有公民以平等关怀,甚至能够承认因此政府应当致力于在国家内部减少事前不平等;但他们也会坚持认为,政府必须利用它自己的适当资源来实现这一点,而不是通过劫富济贫的方式扮演侠盗罗宾汉。他们甚至会承认,富有的公民具有一种慈善的道德责任:他们应当自愿分享他所拥有的财富,给予那些较为不幸的人。但这并不意味着,政府可以强迫他们去做他们应做的事情,这是一种形式的暴政。保守主义者声称,无论如何你比华盛顿更懂得如何支配自己的金钱,而华盛顿必须尊重你的决定。

甚至拥护这一论点的人,也承认政府具有一些职责。它必须保护其公民免于遭受犯罪和外国敌人包括恐怖主义分子的侵害,而这确实耗资靡费。所以,政府必须集资以提供安全和其他福利和保护,经济学家称之为公共品:那种惠及每个人,对穷人和富人都一样的产品。但是——我估计保守主义者会说——这无法论证为了福利津贴这种极为不同的目的而筹集资金,这种福利津贴并不能让每个人都获得同样的实惠,而且让每个人为之埋单是错误的。公共品的理由也无法论证,为什么让富人为了每个人的所得而付出多于平均份额的财富。或许存在某种支持单一税率的情况,其中每个人支付同等比例的收入或财富——而因此富人总体上支

---

[25] 参见 Murphy and Nagel, *Myth of Ownership*. See also my article "Do Liberty and Equality Conflict," in Paul Barker, ed., *Living as Equals* (Oxford University Press, 1996).

付得更多，而不是支持英国首相撒切尔所支持的那种人头税，其中每个公民为面向所有人的服务支付同样数目的赋税。单一税率尊重了以下原则：既然富人拥有更多的财产，需要防范国内外敌人，并获得保护，他们理应以同样税率每人支付更大数目的的赋税。但是无论如何，都没有理由要求他们为了求得保护，还要按照更高的税率缴税，以此来加剧不平等。

这是单一税率这一道德案例的核心部分。既然政府拿走的是你的钱，既然政府未经你们的同意就拿走了你的钱，那么你至少应该为你所获得的东西而支付价款。但是，我们现在必须要问，应当以什么样的理由支持我保有以下金钱的道德权利，即我的薪水、红利或者从父母那里继承的财产？你可以说，我有权保有这些，因为这是我的努力和才华所带来的，或者是因为这是那些拥有金钱的人决定给我的。但是，我们从任何努力和才华或者从任何投资运气中所获得的财富，都完全依赖于当我们赚钱时发挥作用的政治安排，故而声称我有权获得一种特定的政治安排就完全回避了这个问题。例如，关于减少我的税收的安排更好地保护了我的所得或受赠，如果我们在某些重要方面更改了政治安排，我的所得或受赠会上下浮动。基于同样的理由，我们也必须拒绝与此并行的论点，即因为我为经济成功所做出的贡献反映在了我的年收入中，所以我有权将这一收入作为我所贡献的奖励而保留下来。我的薪金只有在特定政治安排的背景下才能够衡量我的贡献；如果那一背景有所不同，以这种方式衡量的我的预期贡献将发生改变。因此，假定我"挣得"现有的薪水，以此来论证政府应该让我保留这一薪水的主张再次回避了问题。如果任何政治安排的框架——包括税收的框架是不同的，我所挣得的薪水也将是不同的。

因此据称税前收入是"我"的钱，这一常见的论点是不合逻辑的。这一论点唯一合乎逻辑的地方，是假设先占产生了道德权利。我们的联邦所得税体系以各种方式防止拖延交税，而在多数美国人认为税收过高的时候，这一税收体系恰是他们心目中承认的。大多数人在拿到工资之前就从工资单里扣掉了税，但是这些税收看起来仿佛是从工资条上显示的更大数目中扣除的部分。富人获准延期支付一部分他们所应缴纳的税款,他们在截至 4 月 15 日之前,可以按季度分期支付预计税款。通过这种方式,他们支付了之前已经在其银行账户或投资顾问的报告中显示的财产。不过这些只是有效税务计算中的例外情况。政府完全可以通过前期财产登记之外的其他形式来缴付税款。每个人都可以通过源头扣除(deductions at source)或者通过雇主缴纳工资税的方式来纳税,而且这些方式具有降低雇主所支付的工资数额,而无需在雇员的原始工资上列出更大数目的效果。单纯的先占没有什么魔力,富人短暂持有以后用于缴税之钱款的事实决不表明他在道德上拥有那些钱。

九、挑　战

　　美国的贫富差距似乎无可争辩。穷人没有足够的健康保障,而其中有相当多的人根本没有健康保障——他们欠缺足够的住房,营养欠佳,他们的孩子们生来要面临日后暗淡的人生前景。如果明智的人不必去冒这种苦难的风险,我们决不能想象他们会乐于承受这种窘境。如果我的整个论证是正确的,那么可以得出这样的结论:我们政治社会的合法性现在正受到威胁。

　　只有那些抵制保守主义税收政策的人建立起一种具有竞争性的实例,这样的威胁才会解除,而这一实例需要表明,这些政策究竟怎样才能证明是对穷人的平等关怀。我尽量去预测他们可能采取的论点。但是现在轮到他们了,他们能够提出怎样的实例,来拯救我们作为一个国家的合法性,以支持我们对待穷人的做法?难道政治合法性不要求平等关怀吗?难道事前平等而不是事后平等,是平等关怀所要求的适当标准吗?如果不是这样的话,什么是适当的标准?如果是这样的话,难道假设的保险理论不是任何事前平等之成功表述的核心内容吗?难道这样的策略不要求实质性的税收增长以服务于再分配计划,并由我们共同体中的富人群体来支付吗?如果我们打算为了我们的政治过程而重新开展真正的论辩的话,保守主义文化必须接过这些问题。那个阵营里由谁来开始这样做呢?

第五章　民主是可能的吗？

一、美国是民主的吗？

在本书中，我已提出两项主要主张。首先，尽管我们看来被两种政治文化激烈地分割开来，而这两种政治文化涉及人权、宗教、赋税以及很多其他议题，但我们仍未就这些问题尝试哪怕开始建立一种得体的公共论辩。其次，我认为，如果我们在一种明晰的哲学层面，在我们几乎全体赞同的、人类尊严的两大原则之间进行回溯，那么将能够从共识中建构起一种论辩。但是，在我们之间存在这种政治体系能够容纳真正的辩论吗？

没有任何国家的政治能够像哲学研讨班那样运作。民主必须就由谁来领导上百万的民众来做出最后决定，而这些民众没有受过经济学、哲学、外交政策或环境科学的训练，没有时间或没有能力在这些学科中达到胜任的水准。但在我们的国家政治中，连一场体面的初中辩论所要求的水准都没有达到。当我们的候选人清嗓发言的时候，他们使我们尴尬得如坐针毡。他们受到顾问们的操控，而那些顾问告诉他们：风格是一切，内容什么也不是。那些顾问告诉他们,除了使用对激励重要组织具有神秘作用的潜意识代码之外,要尽量惜字如金;那些顾问还告诉他们,在晚间新闻中一段令人昏昏欲睡的演讲摘播是政治的"金牌",任何稍微类似于一场真正论辩的东西都意味着死亡。

因此,美国民众在至关重要的议题上被严重地误导和蒙蔽了。布鲁斯·阿克曼(Bruce Ackerman)与詹姆斯·费什金(James Fishkin)在他们富有趣味的著作《审议日》中,提出了令我们悚然惊愕的现象。[1] 民意测验表明,就在2004年大选之前,在所有美国民众中有半数人以为伊拉克人是"9·11"的劫机犯。而在美苏"冷战"的高潮阶段,多数美国人并不了解俄国是否为北约组织的成员。1996年,民意测验家提出了一长列他们视为对当年选举具有关键意义的时事问题,但只有不到一半的接受民意测验的公众能够回答那些问题中的哪怕40%。鉴于这种无知程度,政治家们在肥皂剧的水平上彼此竞争便不可避免了。谁看起来更加自信或更加沉着?谁用你的方言讲话?你更愿意和哪一个人约会?

这种恶性循环愈演愈烈。如果政治顾问告诉政客的内容是,要将我们当作无知者来对待,那么我们将继续无知下去。而且只要我们无知下去,顾问就会进而告诉政客,一定要以这种方式对待公众。没有候选人能够承担得起跳出这种恶性循环的代价,他们都担心公众已经如此沉湎于批发市场型政治,以至于任何想用演绎推理来扰乱这种政治的人都将受到惩罚。政治作为黄金标准早已过时:政客们在描述他们自己的履历和他们对手的立场方面从不追求准确。他们追求最大限度的曲解,而将那些细微的、未受到扭曲的事实真相,抛弃到以极小字体书写的文本边缘。

我们知道,金钱是政治的诅咒。候选人和政党为了支持各种竞选活动,不惜聚敛巨款。而出于几条被反复重复的理由,这种实践也在腐蚀政治过程和政府。十分荒唐的是,政客在筹集资金的问题上,而不是在反思

---

[1] Bruce Ackerman and James Fishkin, *Deliberation Day* (Yale University Press, 2004). 本文已有中文译本,参见谈火生编:《审议民主》,南京,凤凰出版集团、江苏人民出版社2007年版,第124—145页。——译者

政策或原则方面投入更多的精力。由于大金融利益集团的贡献，某些政党发家致富，并在选票竞争中获得巨大优势，新兴且贫穷的政治组织却因此而往往处于极其不利的地位。用委婉的词汇来说，竞选背后的大金主购买通往官职的"通道"。但实际上，他们经常购买的绝不仅仅是通道，而是控制。此外，巨额财富还会以其他形式毒害政治，而这些形式常常不怎么受人关注。政客及其顾问将数额庞大的资金置于掌控之下，这使耗资靡费的电视与广播竞选成为可能，这种竞选充斥着浮华、诽谤和对半真半假的陈词滥调的无休止重复，还有无意义的仿真叙述，而这些东西已经沦为我们的智力退化型（dumped-down）政治的生命线。没有候选人能够冒险不参加这一丑陋的表演：如果胆敢质疑低端政治市场，他就会输掉选举。在政治中，金钱不仅是公正的敌人，而且是真正论辩的敌人。

对民主而言，新闻业本应有所助益。新闻人是真理的监察员，民主的捍卫者。这是在宪法第一修正案中，最经常赋予出版自由以特别保护的理由。但电视新闻业现在成了问题所在——如果过去是这种情况的话，现在因特网取而代之了——而且电视新闻业成了病症的一部分，而不是对病症的治疗手段。广播（电视）网络由有职业底线的企业集团所拥有，而新闻则与时间表中为娱乐而准备的其余部分进行竞争。因此，电视主要用于兜售动听的演讲片段，其中政客必须无休止地创造和重复；而它的新闻姊妹——广播，则主要兜售以某个参加预选的政治团体为目标的热线脱口秀，这种团体能够让广告商有所指望。尽管每个人都"真诚"地希望依赖负面信息的竞选不会发挥作用，但它仍然有效，这仅仅是因为依赖负面信息的竞选看起来或听起来更加有趣。默多克的福克斯新闻可能不是新现象——毫无顾忌的政党政策报纸，早已变成耸人听闻报道的必要组成部分，但福克斯新闻以其规模庞大而令人感到新奇：一种带有极端保守主义议程的巨大抨击性报道，一份体育运动淘汰赛的时间表，以及由于无耻的偏见性新闻和时事节目，而俘获了大批观众的《辛普森一家》。

所有这些情况究竟有多么糟糕？我们或许会采纳两种不同的意见。我们或许会说，政治是否令人满意只是口味问题，那些认为政治很不令人满意的人,可能恰好是那些其候选人输掉最后竞选的人。的确,某些人会爱好一种更为开明的政治论辩风格,例如,我们曾经能够在英国发现这种风格。但其他人则认为,我们的风格更适合自己国家的气质,即通过我称为智力退化型政治的过程,而非在更像一种大学辩论赛式的过程,美国人能够不可思议地选出有能力的领导人,其价值透过我们发展出来的这种政治过程而熠熠生辉。据评论员广泛报道,在2004年,参议员克里在与小布什总统进行的竞选辩论中轻松获胜。但最后小布什以其性格给公众留下了更深的印象,超过了克里在辩论中的表现。理由毕竟不是一切,而情绪——那种美国选举专攻的东西——在政治中占据重要的地位。

这是我们可能采取的一种比较乐观的观点。如我所说,那些因最近的选举而欢欣鼓舞的人,可能恰好会选择我们对政治的这种观点。而另外一种截然不同的观点是,我们的政治现在已如此的贬值,以至于它们威胁到了真正民主的地位——甚至它已经开始破坏政治秩序的合法性。难道这是危言耸听吗?民主是必不可少的政体,这是我们之间的共识。有些人可能会质疑,在世界其他地方推动民主政府是否是美国的使命,就像小布什总统现在声称的那样;但是在我们中间,没有人会质疑,民主相对于我们可能采纳的其他政体而言更加优越。的确,我们没有人会质疑,至少对我们而言,民主政体是唯一具备合法性的政体,没有任何其他政体会有道德权利要求我们的忠诚。

然而,这种广泛的一致具有欺骗性,因为我们内部对民主的实际性质存在极大的分歧——现在这种分歧主要是沿着熟知的红-蓝分界线而分化开来。我们是否对自己的民主感到满意这个问题,演变为我们认为民主实际上是什么的问题。因此我将描述民主的两种理念。如果我们接受了其中一种,便可以认为美国是民主社会的典范,在此方向上我们堪当引领其他国家的领袖。但如果我们接受了另外一种理念,就必须断定,美国与真正的民主远不相符,而且或许对我们来说,美国不可能变得民主。在这些民主的理念中,哪个是正确的?各方的支持者如何面对对手,来捍卫自己的立场?

二、什么是民主？

两种彼此竞争的民主观点如下。根据多数主义者的观点，民主由多数人的意志统治，也就是说，依据由普选或接近普选的选举所表达的最大多数民众的意志来统治。谁也无法保证多数人会做出公平的决策，其决策可能对少数人不公，多数人常常有系统地忽略少数人的利益。如果是这样的话，尽管根据上述理由它仍是民主的，但这种民主将不公正。然而，根据与此相对的伙伴式民主观点，民主意味着民众将每个人完全作为伙伴，从而在集体的政治事业中进行自我治理。因此多数人的决策只有在某些进一步条件获得满足的条件下才符合民主，这种条件是，要保护每个公民完全作为该事业中的一位伙伴的地位和利益。从伙伴式的观点来看，一个不断忽略某些少数或其他群体利益的共同体一定是非民主的，哪怕它由无可挑剔的多数决定来选举官员。不过，这只是对伙伴理念的一种非常粗略的描述。如果我们发现，人们更为熟知的多数主义理念并不令人满意，就必须发展更为细致的伙伴式观点。

当然，美国不是多数主义民主理念的纯粹样板。国家缔造者也不这样想，因为他们通过种种方式限制政治多数的权力：他们提供了一组个人性的宪法权利，例如言论自由权，以此作为对抗多数权力的王牌。例如，多数公民拒绝最高法院关于堕胎的判决，并不构成对那些判决的自动否决。但我们可能会认为，美国应当是多数主义民主，它仅仅受到个人权利的限制，就像我们的宪法所体现的那样。那么，我们就不能将政治的那种耗竭状态，描述为政治本身在民主雄心方面的失败，因为在多数主义的理念中，并不需要我们现在缺少的那种论辩性政治文化。

毕竟，人民没有为更复杂的政治论辩而大声疾呼。他们很忙，他们不介意别人取悦于自己，而且反正他们中的绝大多数知道自己在想什么。如果他们认为，进行更好的论辩是重要的，那么政客们至少会更努力地提供这种论辩。还有更多的人如果希望或能够阅读《纽约时报》或《华尔街日报》的新闻版的话,他们也会看公共广播网络或有线卫星公众事务网络(C-span)。如果他们更喜欢看福克斯新闻,他们只是在行使自己的民主权利,去为自己行使公民权做准备。对政府而言,试图强迫公众去参与明显让他们感到厌烦的事务是非常错误的。这类规定乃预先假定个人选民有民主责任,去参与并努力了解吸引其他选民的论点。这种假设与多数主义理念毫不相关。或许有一些人的确会接受某种这样的责任,但当多数人不这样做的时候,民主决策也不会少一丁点合法性,因为民主只不过是关于政治意见当下在共同体中是如何分布的,而不是这些意见是如何形成的。因此假如我们接受民主的多数主义观点,并认为它是正确的,那么我所谓的我们政治的"乐天派"(s 观点)便是完全可以理解的。

另一方面,如果我们的目标是建立伙伴式的民主,我们政治论辩的那种退化状态就的确是民主的严重缺陷,因为相互的关怀和尊重是伙伴关系的本质。当我们不致力于去理解别人的相反意见所具有的影响力,或者不致力于发展我们自己的观点,以使别人对其观点做出响应的时候,我们就不是在将某些异议者当作伙伴——我们将他当作敌人,或顶多当作妨碍。现在所谓的伙伴模式似乎难以实现,因为很难看到在这场所谓的文化战争中,处于敌对双方的美国人能够以那种相互尊重和关怀来对待彼此。这就是为什么,如果我们断定伙伴式理念是对民主唯一值得拥护的解释的话,我们就必须考虑,在美国真正的民主此刻是否可能的问题。但伙伴式民主当然是一种可能的抱负,我们可以尝试通过我将试图表明的那些方式向它趋近。

由于很多原因,我们在这两种对民主的理解之间进行选择具有至关重要的意义。人们常常认为,民主制度是对我在前三章中针对当前政府所提出的那些批评的回应。例如,在第四章中我讲到,当我们拒绝自我征税,以至于无法将同胞从无望、凄凉而危险的生活中拯救出来的时候,我们的合法性受到了威胁。然而,如果我们接受民主的多数主义观点,那么对我提出的要求就有一个显然颇为有力的回应,这种回应说:美国民众已经赞同了我所质疑的,由换届总统小布什所提出的税收政策。可以勉强地说,那种民主模式也因此为我所谴责的政策提供了合法性。假设支持提高税收的论辩力量突然扭转了国会,使之接受巨大的税收增长,以用于赞助极好的再分配计划。国会的行为将在很多方面都令人钦佩,但只要它没有首先说服多数民众,而民众仍然希望低赋税政策,那么国会至少在某个方面是错误的。正义可能对国会的行为赞许有加,但如果多数主义理念是正确的,民主将会蹙额以对。

然而只有当我们接受那种多数主义理念的时候,这种观点才是对我所提出之指控的中肯回应。因为根据与之相竞争的伙伴式观点,以多数人支持低税为理由的回应只是回避了关键问题,这个关键问题是,多数人依据民主的正确理论,是否有权以这种方式对待少数?这一对比使两个民主理念之间的差别显露出来。多数主义理念的主张是纯粹程序性的,并因此独立于政治道德性的其他内容。如我所描述的,它允许我们主张一个决策是民主的,即使它非常的不公正。但伙伴式民主理念没有使民主独立于政治道德性的其他内容。在这种理念中,我们需要一种平等伙伴关系的理论,去决定什么是或不是一种民主的决策,而且我们需要去征询关于正义、平等和自由的理念去建立民主理论。因此,根据伙伴式理念,民主是一种实质性的而非纯粹程序性的理想。在第三章中,我提到不依靠我们定义中的其他政治美德的话,我们无法建立一种自由权的完整理论。伙伴式理念提出了一种关于民主的并行主张。

这种差异可能看起来极为有利于多数主义的民主理念,因为这种理念允许我们认同关于政治组织的明确而具有程序性的价值。它允许我们主张,一个特定的政治决策——比如减税——至少具备民主合法性的美德;并进而追问,作为一个独立的问题,具备此种美德的决策是否仍患有缺陷。也就是说,多数主义的理念似乎在分离不相关联的价值方面具有优势,而这些价值被伙伴式理念融合在一起。但是,只有在以下明显的事实基础上,这才算作一种优势,即多数偏好某种政策,而它自身至少提供了某些理由去支持这个政策。如果情况与此相反,多数人支持的明显事实根本无法提供任何理由,甚至无法提供一个可能会被相反的考虑所推翻的虚弱理由,能说明为什么一个共同体应当接受它所支持的政策;那么多数主义理念所具有的显著优势就会变成巨大的劣势,因为这种理念将会进一步声称,在找不到任何价值的地方发现了某种独特的价值。

因此我们必须在追问多数人的支持本身,是否便为多数人所支持的东西提供了某种形式的道德理由的基础上,在两种理念之间进行选择,而我也将立刻转向这一复杂的问题。但首先值得关注的是,我们的红、蓝两种政治文化在两种民主理念之间,凭借其热情所进行的分化是何等平静啊。我已经探讨过的另外一种分化——关于宗教、赋税以及恐怖分子嫌疑人的人权——是露骨而又喧闹的。这一分化却不是这样:没有标语去宣扬多数主义或伙伴式的民主理念。这是因为,多数人关于民主之真正品性的观点,是由他们对何种民主更可能创造他们偏好的实质性政治决策的感觉所左右的。

现在保守主义者更多地诉诸多数主义的修辞,而自由主义者则更多地诉诸伙伴式的修辞,但这些位置在过去经常会颠倒过来,而且也会再次发生翻转。例如,那些敌视重新划分选区,认为这种选区划分会赋予历史性的少数族裔更多政治权力的保守主义者们,呼吁一种多数主义的理念。他们认为,赋予任何群体的成员以更多权利,而不是通过一种更为随机的或无种族成见的选区划分来这样做是对民主的冒犯。支持依据种族来划分选区的自由主义者,则支持一种伙伴式的理念,因为它使以下安排变得可取,即提高那些历史性地陷入重围的少数族裔完全作为民主伙伴的地位。

近几十年来,关于民主本性的主要争斗,已在法官和最高法院宣布政府其他部门的行为违宪的权威问题上展开。美国宪法通过确认多数不得损害的个体宪法权利的方式,限制了政治性多数的权力。保守主义者指责法官们发明新的权利并将其解释进入宪法,认为这是用法官自己的个人价值代替多数人价值的一种方式。在第三章中,我们注意到了过去的一些招致保守主义者们特别恨意的司法判决:例如最高法院关于学校祈祷、堕胎和同性恋权利的判决。保守主义者认为,允许法官作出那些基础性的判决是非民主的,因为它否认了多数人为自身做出道德决定的权利和权力。与此相反,自由主义者在过去半个世纪的时间里,一直称赞那些所谓的能动主义者法官所扮演的角色和作出的判决,因为他们支持那些激怒保守主义者们的判决。他们认为,那些扩大个人权利的判决加强了,而非戕害了我们的民主,而这一观点是以伙伴式的理念为前提的。对自由主义者来说,人们都会同意,那些作出这些判决的法官不能被赶走,因为根据伙伴式理念,多数只有在完整的伙伴关系得到满足的时候,才有权贯彻其意志;而且自由主义者认为,备受争议的宪法判决有助于确保这种条件获得满足。

法官也会在其他方面激怒保守主义者,比如在关于特丽·夏沃的戏剧性事件中所显露的那样。我在第三章中提到的这位年轻妇女,当佛罗里达州法院的法官在夏沃丈夫的申请下,命令拔掉维持其生命的进食管时,已处于永久性的植物人状态长达15年了。保守主义者占据优势的国会通过紧急立法,旨在赋予联邦法官权力审查该判决,并命令恢复进食管,以等待他们的判决。通过抽签而被指派负责该案的联邦法官拒绝命令恢复进食管,也拒绝推翻佛罗里达州法院的判决。第四巡回上诉法院——一个一般认为非常保守的法院很快支持了联邦法院的裁决,而且最高法院也很快拒绝干预。于是共和党头面人物们宣布,自己被开始形成的法官们的全体反抗所激怒了。他们说,一旦国会宣告其意志,法官的责任便是去执行这一意志,因为国会由人民的多数选出并代表了多数。当时众议院的多数党领袖汤姆·迪莱(Tom DeLay)宣布,法官们应当因其从属关系而受到弹劾,而其他共和党人则不同意他的煽动性言论,显然,他们也认为,通过国会表达的人民的意志是至高无上的,且无法忍受来自司法的反对意见。而自由主义者则被共和党人的反应所激怒。他们说,共和党人正在对抗司法独立和法治。关于民主本质的分歧,通过这一对抗体现了出来。保守主义者假定,政府立法部门比司法部门拥有更大的民主合法性,这是为任何统一的民主的多数主义理念所预先假定的主张,而自由主义者反对这一点。

第五章　民主是可能的吗？

最近，法官也同样处于另外一场重要的宪法戏剧的中心，不过这次卷入争议的，是关于任命他们的方式，而非被任命之后他们的权力。共和党人这次控制了参议院，但这次他们缺少所需要的60票以打破议事阻挠（filibuster），也就是终结任何议题的辩论。在第一届任期内，小布什总统忽略了参议院的民主党领袖们要求提前与其就司法提名进行协商建议，以避免激烈的确认之战。相反，仅仅为了取悦它的右翼权力阵营，在没有任何协商的前提下，他就提名了一帮极端保守主义的法官。参议院的民主党人成功地运用议事阻挠，封杀了其中的一些他们认为特别不合格的候选人。共和党领袖们便威胁要修改参议院规则，以消除在审查司法提名过程中进行议事阻挠的可能性，以便共和党多数能够确认布什的所有被否决的被提名者，无论他们多么反动，多么不合格。有14名有势力的参议员，两个党派各出7名同意达成妥协，至少暂时性的搁置这一计划。作为回报，民主党人同意不再以议事阻挠的方式反对确认小布什提名的一些法官。但这项妥协是以含糊的条款起草的，而且可能在任何时候破裂。

共和党领导层认为，议事阻挠是非民主的，因为它允许41名参议员中的少数人通过拒绝将提名带入最后投票的方式，阻挠参议院多数人的意志。他们的论点是诉诸民主的多数主义理念。实际上，即使我们接受这一理念，他们的论点仍然站不住脚，因为参议院是一个无多数主义的实体。不论人口多少，每个州选举两个参议员，而民主党参议员尽管人数较少，现在却比数量更多的共和党参议员代表了更多的民众。但显然，当共和党人声称议事阻挠是非民主的时候，他们所铭记在心的是多数主义理念。那些捍卫议事阻挠的民主党人——以及那些因为知道有一天他们也会变成少数，而担心破坏这一技巧的温和派共和党人——诉诸伙伴式理念的精神去论证他们的立场。他们说，参议院是作为一个进行反思的议院而存在的，它被设计出来以用于保护少数，并对抗草率的多数主义立法。议事阻挠很好地实现了以下目的，即要求多数派无法肆意践踏少数派相信必须保护的根本利益。

如我所说，民众关于民主本质的意见，很可能被他们相信是实现他们其他政治目标的最佳方法所左右。在20世纪早期,支持司法能动主义的政治热情是非常不同的,当时经济保守主义的最高法院宣布进步的社会立法违宪。当时保守主义者们诉诸某些至少类似伙伴式理念的东西去坚持以下观点,即尊重私有财产对真正的民主是不可或缺的,而自由主义者们则崇奉多数主义理念去谴责法院对社会进步的干涉。近年来,保守主义的法官和最高法院的法官们再次活跃起来,他们试图打倒国会立法,以增加各州自行做出关于诸如是否允许在公立学校附近合法出售手枪的权力。因此自由主义者开始重新发现民主的多数主义理念所具有的假定美德。当南部民主党人在20世纪中期运用议事阻挠来阻止民权立法时,自由主义者憎恨议事阻挠,而假如美国政治中一些不可预计的变化使他们再次跃回权力顶峰的话,他们可能会开始再次憎恨它。但对政治道德性而言,在两种民主设想之间的选择仍将具有关键意义,无论政治选择如何移转。这是至关重要的,因为我在本章开头提出的问题——关于我们政治话语的这种令人尴尬的叙事是否破坏了我们的民主信用——开启了我们如何进行选择的问题。

三、多数规则有什么价值吗?

没有什么比多数表决原则更令人熟悉了。对民众而言,做出以下假定是非常普通的:假如一个群体因某项计划而聚集一处,且必须就他们反对的事务做出集体决定时,正当的程序便是以该群体的每个成员拥有一票的方式投票,并根据吸引多数选票的决策来做出决定。然而,广泛诉诸这一理念的原因却是不明确的。如果少数服从多数原则是一种适用于任何决策语境的,基本而且固有的公正原则,那么这便非常支持民主的多数主义理念。任何其他版本的民主程序都会欺骗一些民众,会欺骗那些在某些他们都公平地拥有资格作出决定的重要议题上占据多数的人。但是假如少数服从多数原则,只在公民联合的特定先决条件获得满足的情况下才是公正的,那么这或许将支持自由主义者至少现在似乎赞成的伙伴式理念。

实际上，认为无论何时，当一个群体就其成员应当做什么无法取得一致意见的时候，多数表决总是集体决策的正确方式这一主张本身是一种严重的错误。假设在公海上，旅客们被困在一艘即将沉没的救生艇上，除非有随便一个人跳进或被丢进海里才能保障安全。这一群体该如何决定牺牲哪一个呢？抽签或以其他方式让命运作出决定似乎是绝对公平的。它赋予每个人以同样的活命机会。但让这一群体进行投票似乎是一种非常坏的主意。因为不应发挥作用的血缘、友谊、敌对、猜忌和其他力量，将变得具有决定意义。我们也使用抽彩票来做出一些重大的政治决策。当征兵时，我们不通过公民投票来决定应当征召谁，而是通过抽签的方式选择。或许我们应该在政治中更多地利用运气。雅典人曾以抽签的方式选择他们的领袖，而我们若以同样的方式进行选举，也没有特别明确的迹象会表明我们立法者的质量会下降。

在某些情况下，一个群体不仅对关于其成员如何行动难以达成一致，而且对对所讨论的集体决策是否根本上是必要的也存在争议。假定在某个群体内部出现了这样的问题，婚姻之外合意的性关系是否违反道德。一些成员可能会认为，对此问题的一项集体决定是值得追求的，这样那些无视多数意见的人会受到某种方式的惩罚。但其他人则否认这样一种具体决定是恰当的，他们相信人们应当自我决定。它将要求对后者的意见问题举行表决，以决定是否集体决定是恰当的。假如后者的意见是正确的，那么即便允许多数作出决定，该问题也将是不公正的。

因此少数服从多数规则绝非总是一个适当的决策程序。现在让我们考虑一个非常不同的建议。少数服从多数规则在政治中是恰当的，不是因为它是唯一公正的方式，而是因为更实际的理由，即少数服从多数规则带来更明智和更佳的治理方式。对这一观点有一种古老的正式版本，是由伟大的数学家孔多塞（Condorcet）提出的。据他论证，如果我们假定一个群体的每个成员都有超过50%的可能性对考虑之中的某个问题得出正确答案，那么这个群体可以通过坚持吸引多数投票的答案的方式，来将获得正确答案的机会最大化。但是,当议题是基本的道德问题时,我们绝对无权做出这样的假定。相反,古往今来,天地四方,我们都相信更多的人在这些道德议题上是错误的而非正确的。那种认为美国人比过去或现在的其他人可能更加正确的想法,是难以容忍的狂妄自大,尤其是当美国人像现在这样如此均等而残忍地分化开来的时候。

接下来是一个支持多数规则的,较少数学性但貌似更为可信的实际论点。我们必须通过多数表决来选择我们的领袖和我们的政策,因为我们希望领袖追求公共利益而非私人利益,而喻于公共利益之中的政策,实际上是关于多少人能够从该政策中获益的问题。公共利益是否需要更多的篮球场或音乐厅,取决于多少人想要什么。故而确保立法者知悉公共利益并为之努力的最佳方式,便是允许每个选区的多数人选出它想要的代表。这是支持多数主义统治有效性的一种非常流行的观点,而且假如所有的政治议题都等同于在篮球场和音乐厅之间的选择的话,这将是一个有力的论点。但显然不是如此,我们在本书中探讨的那些问题都牵涉深刻的道德议题,而并不是如何取悦多数民众的策略。

因此,我们既不能假定,每当人们之间存在分歧的时候,多数表决是做出集体决定唯一公平的方式,也不能假定,多数表决的方式总是最准确或最有效的。但是我们是否可以至少这样讲:当必须做出一个集体性的政治决定,以及将该项决定交付给偶然性看起来是不理智的时候,多数规则便是唯一的决策方式?我们或许会说:如果这样的话,这就是唯一公平的了,因为它允许每个人对决策施加同样的影响,而该决策对他产生的影响与任何其他人都是一样的。假如治理都是通过城镇会议或电子投票方式的话,这个建议可能有点道理。但在代议制政府内,人们对政治决策施加的影响出于种种原因是不均等的;相反,它必定是惊人的不平等。在任何既定的时候,成千上万的人都喜欢选举的或代议的政府,而哪怕这些最低等级的政府官员所拥有的政治权力,都将比他们留在私人生活中的多数同胞大得多。认为官员和普通人一样都只有一票去决定谁赢得下次选举,因此所有公民最终都平等地拥有对总统的影响力是不可能的,这非常荒谬。总统和他所任命的人在数年中被赋予了极大的权力,而你我几乎没有权力去阻碍他们。保守主义者说,我们的司法审查系统是非民主的,因为五位法官的权力超越了民众多数的权力。但是——就像布什的首届任期如此戏剧性地展现的那样——一个总统在其单个任期内可以单独从事的多数事情绝不会被撤销,而且不论好坏,这些事情都会带来比我们整个历史上最高法院所有法官共同做出的事情更大的后果。

代议制政府只不过是最富戏剧性的方法,通过这种方法,即使投票在名义上是平等的,我们中的极少数人也最终获得了比所有其他人强大得多的政治权力。政治权力同样差异巨大,因为我们中的一些人比其他人更为富有,或在讨论中更有说服力,或拥有更多的朋友或更大的家族,或生活在这样的州,在那里两大政党比其他人生活的州更加势均力敌,这样我们的选票更可能发挥真正的边际性的作用。这些令人熟悉的理由都能够说明,为什么平等的政治权力是一个神话。它甚至不是一个吸引人的神话,因为我们都不会希望马丁·路德·金只拥有你我这样的政治影响。实际上,当我们意识到,我们多数人在国家甚或州的政治决策中所拥有的政治权力是何等渺小时,在那微小数量的权力中,数字性平等的问题就显得完全不重要了。

在其他地方,我已经推荐了一种衡量特定个人所拥有的政治权力的度量标准。[2] 假定我们不知道任何人在某些政治争议中的观点,而接下来我们得知了你的观点,以及当选举时刻来临时你会如何投票。这一信息要借助多大的数量才能够提高几率——即被哲学家称为主观概率的东西——以使你的观点占上风呢?如果议题是国家层面的——例如是否应当消减继承税——我们在小数点后将需要大量的 0 去表达增加的主观概率。假如议题替换为同性恋是否可以被定为刑事犯罪,而这一议题将由最高法院来作出决定。再一次,单独了解您的观点将改变主观概率,因为公众意见对被任命担任法官的人,以及如何作出判决会产生某种影响。

---

[2] 参见 Dworkin, *Sovereign Virtue*, chapter 4.

143 但同样,这一转变将变得微不足道,而且——这是最关键的部分——我们无法进一步知道当这一议题被留给法院,这一转变在后面的案件中是否会比之前落到多数主义政治手里变得更加微小。那种谴责将这些议题交给法院的民主多数主义理念,无法凭借任何关于平等政治权力的原则去证明自己的立场。

所以我们必须放弃以下人们熟知的理念,即多数规则甚至在政治中也是唯一公平的决策程序。在某些情境下,像在救生艇和征兵等事例中那样,事情就似乎变得非常不公;而在其他情况下,当问题为是否根本就理应对某些情况做出集体决定时,就回避了这个问题。而且,多数规则甚至不是一个获知真相的合理方法,在具备政治代议机构的大型政治共同体中,它也不接近政治权力的平等。因此,我们不得不得出一个重要的结论:民主的多数主义理念是有缺陷的,因为它自身无法解释什么是好的民主。单纯地计算人数本身无助于彰显政治决策的价值。我们需要一种更深入而且更复杂的叙事,让它告诉我们在一个政治共同体内部,在多数规则对于该共同体是否恰当之前,什么样的条件必须得到满足和保障。

四、伙伴式民主:一张草图

为此我们应当回顾我在全书中一直予以援引和颂扬的人类尊严的概念。在前三章中,我针对我们的人权政策,提出了关于尊严两大原则的实质内涵,在政府中宗教的角色以及税收问题。我提出这些意见作为一种对自由主义立场的当代重述。但是当然,那些在抽象层面接受这两大原则的其他美国人,会继续就这些内涵对我表示不赞同并互不同意。因此

144 当我们的分歧仍然存在,就仍需要探索获致集体决定的正当程序。那就是说,我们不仅需要考虑这两大原则的实质内涵,而且需要考虑它们的程序内涵。什么样的政治机构构成,以及为这些机构提供官员的选举制度是这些原则所推荐的呢?

平等关怀。我们中的多数人接受人类尊严的第一原则所带来的以下

结果:一个政治共同体必须对所有生活在其境内的生命表现出平等关怀。因此,我们必须尽力确保政治官员对所有人以平等关怀的方式行动,而不是只特别关怀某些人,而且最好实现广泛而大致平等的投票。由广大民众选出的官员,将比只由少数选举并为之负责的官员更好地保护弱者免于特权和暴政。然而,这种对普选的后果主义式论证,无法提供理由证明使人们的选票具有同等影响力的任何数学式的精确性迷信。相反,修补和变化可以为更有效的代表留出余地,而且可以为最终的立法结果更好地反应对所有人的平等关怀增加可能性——例如,通过巩固政治上被孤立的少数群体权力的方式。这种论证也根本无法提供任何理由,允许多数改变被最佳设计出来以确保平等关怀的基本宪政结构,无论他们何时希望如此。我们可以通过将一些个人权利嵌入宪法来更好地保障平等关怀,这些权利由法官进行诠释,而非由选举的代表完成,并规定只有通过绝对多数才能够修改宪法。

这种对美国宪政结构的后果主义论证,不允许在程序和实体公平之间做出任何深入或确实的划分。它并不像多数主义理念的支持者那样,去设想在以下两者之间存在任何根本冲突,即尊重政治权力分配中的平等的政治安排,与尊重资源与机会分配过程中的平等的立法政策。相反,这种论证假定,一种政治安排是否表现出真正的程序性平等的正确测试方法是,追问这种安排是否可能创造出尊重关注民众生活的实质性平等的政策。但我现在必须进一步坚持一种非常重要的原则,该原则并未被后果主义的论证所把握。我们可以用划分选区以及其他代议制安排来进行调整,像议事阻挠和每个州无论大小委任两名参议员的安排那样,希望借此完善我们的政治表现出的平等关怀。但我们不能通过以下方式减少任何公民的政治权力,即出于体现任何对其蔑视,或对其命运缺乏关怀的措施的一切理由,否认他拥有平等的投票权。这将可能是对人类尊严的民主理念,最无耻和最具象征意义的暴虐侵犯。

自治。现在我们必须考虑人类尊严的第二原则所带来的结果:政治安排必须尊重民众在他们的生活中确定价值的个人责任。我只是认为,多数人没有一般的或自动的权利去将其意志强加于少数。在何种情境下它拥用此种权利呢？在第四章和本章中，我指出平等关怀是政治合法性的一个必要条件。但它本身无法成为一个充分条件，因为民众没有道德权利去将强制性权威施加于他人，即使当他们按照其他人的利益行事的时候。这将是对尊严的第二原则的直接侵犯。据说民主是对这种异议的一种有效回答，因为民主意味着自治：这是民众自我治理的政府形式。这一答案假定，尽管当我没有参与他人的决定时，使我自己屈从于他们的权威将有损于我的尊严，但当我作为一个平等伙伴参与那些决定时，我的尊严就并未遭到损害。

这是一种极端重要的假定。如果可以的话，它解释了为什么民主政府是合法的。这也是民主的伙伴式理念的敏感部位，在建构这一理念的过程中，我们必须追问：如果在其他与其尊严相一致的情境下，服从其公民同伴的多数人意志，什么权利必须保留给公民个人？作为选民和作为有资格参选政治职位的人，其参与政治决策的权利显然是必要的。因此，如我们多次所见的，必要的权利是多数人对其命运的同等关注。在第三章中，我讨论了其他的重要条件。在决定宗教或类似的伦理价值在其生命中扮演何种角色的过程中，屈从于他人的强制性权威或许不符合人的尊严。因此伙伴式理念要求某种保证，即多数不会在这些事务上将其意志强加于人。所以，在伙伴式理念中，保护个人为自己做出伦理选择的宪法权利不是民主的妥协，而是保护民主的尝试。

对伙伴式理念的概述非常适合我们宪政体系的基本结构，它比作为对手的多数主义理念更为适合这种基本结构。因为就像我在区别这两种理念的过程中指出的那样，我们的政府不是，也不会成为彻底多数主义的民主政府。我们拥有代议制政府，接近普选的成人投票制度以及合理频率的选举制度。但是在这些选举中，在我们的某些立法机构如参议院中，以及议事阻挠的过程中，我们并不坚持影响力的数学性平等，其效果比执行多数主义原则要好。我们坚持认为，任何人的投票都不能因为与认识其平等重要性和对其生命自我承担责任不相符合的理由而被拒绝或损害。我们将基本自由嵌入宪法,而且赋予法官权力去保护这些权利,即使违背多数意志也要如此。通过这些途径,我们的主要制度提供了一种框架,假如我们有这样的政治意愿的话,在这一框架下我们就能够建立一种完整的伙伴式民主。

但现在,我们没有伙伴式的民主。在第四章中,我认为,我们的法律没有对穷人展现出平等关怀。我们的失败是如此明显,以至于它损害了我们的民主合法性诉求。在其他方面,我们同样不符合完全的伙伴式民主:很多黑人和其他少数族裔美国人仍像二等公民一样,遭到偏见和固执所引发的真正的权利剥夺。不过,本章的主题并非是这些实质性失败的形式。这些失败甚至包括我们的选举程序的失败,而通过这些过程,我们选举官员以满足真正民主的基本要求。公共政治商谈必须拥有一种体面的论辩结构,如果我们希望将它作为一种保持歧见而互相尊重的伙伴之间的交流的话。我们退化的政治不仅是羞辱人的和令人沮丧的,更是不民主的。从某方面来看,这是我们最重大的失败,因为如果我们的政治质量更高的话,我们本可以希望自己能够以其他方式做得更好。

五、我们能做什么?首先,教育

在前几章中,我试图说明人类尊严的原则,并一直通过具体的建议来探讨这些原则,这些建议反映了一种对这些原则的自由主义解释。在第二章中,我提出了一种针对羁押恐怖分子嫌疑犯的办法,该办法扎根于人类尊严的一种新理念;在第三章,我描述了一个宽容的世俗社会应当如何对待其公民宗教表达的愿望和需要;在第四章,我建立了一种再分配税收计划的模型,该模型体现出对共同体所有成员的平等关怀。当然,我只是将这些建议当作例证,而不是像一种完整政治规划一样的布置。依据同样的精神,我现在将进一步提出建议,以说明我在本章中予以捍卫的独特的程序性主张。

学者和其他评论家知道我们的政治有多么糟糕,而且提出了大量建议去加以改进。例如,我曾经提到,阿克曼与费什金在其著作中建议,在每次全国大选之前设立一个新的叫做"审议日"的国家假日。在这个假日期间,选民愿意的话,可以参与集会,并互相讨论选举问题。我们可能会怀疑,有多少人会希望以这种方式度过他们的新假期,但每个建议都应当仔细探讨。不过,现在我提出一些更激进的建议,这些建议甚至不太可能在短期内实现,但至少我们应当尽快将其纳入政治讨论的范围。当你读到这些建议时,可能会想起关于新英格兰农夫的古老故事:陌生人问那位农夫如何从他的农场去波士顿。"如果我去那儿的话",他说,"我不会从这里开始"。哎呀,但我们就在这里,而且我们决不能放弃到达一个更好目标的希望。

值得一提的是,我们应当考虑三种重要的改变:教育,我们运作选举的方式以及我们解释宪法的方式。如果我们只能实现这些的话,教育的改变将是最有效,也是最稳定的改变传统的方式。然而,困难显然很大。就在2004年大选之前,一位医疗技术人员在我的桌子上看到一份《纽约书评》的复印件后说,这意味着我将投票给克里。他说他不会投给克里并解释了原因。他知道这些议题很复杂,知道很多受教育的人认为对关塔那摩等地方在押囚犯的待遇是不公正的,他们也认为,小布什的减税政策在经济上非常不明智。但是他知道,其他同样自以为是专家的人反对所有这些判断,而且他完全没有能力对这些问题作出自主判断。因此他会投票支持布什,因为他笃信宗教,而且知道小布什也笃信宗教。然后他问我,他(小布什)能行吗?

我们决不能再容忍二流的学校教育,它将如此众多的有思想的选民置于此种不可调和和不民主的处境。最近,一项艰巨而又最紧迫的要求是,在每所中学的课程中设立当代政治课程。我的意思并不是指,要设立那种传授给学生政府结构的公民课程,或者是颂扬美国故事的历史课程。我是指这样的课程,它处理当今最有争议的政治争论中的那些议题:像我在本书中讨论的那些议题。占主导地位的教学目标必须是,逐步灌输一些关于这些议题之复杂性的感觉,一些对那些学生可能在家或在朋友中所发现的不同立场的理解,以及应当如何进行一些关于针对这些议题的认真而谦恭的讨论的想法。占主导地位的教学策略应当是,尝试将这些争议代入对原则的不同诠释中,这些诠释是学生们或许自以为会接受的:比如,我相信在当今美国作为共同基础的人类尊严的两大原则。这些课程很可能包括一种适当简化的,同时来自于保守主义与自由主义传统的西方政治哲学课程考试:例如对阿奎那、洛克、康德、罗尔斯与哈耶克思想的某种理解,如果必要的话,可以主要通过二手资料获得这些信息。当然,这些材料与教学必须适应高中生的能力,但我认为,我们更有可能低估而不是高估他们的能力。那些能够掌握 P2P 网络文件共享的复杂技术的人,无疑应当能够掌握绝对命令(Categorical Imperative);实际上对后者的某种研习可能会帮助他们去决定前者是否公正。

"当代政治"课将极具挑战性,而且难以讲授,尤其是在教师之间与学校之间尚未形成关于讲授方法的广泛共识之前。教师们将不得不在应付与填鸭之间左右摇摆,而他们将意识到,应付式教学应尽量避免沦为填鸭式教学。但想想,如果高中毕业生对以下问题的原因有了一些了解,这将在多大程度上改进我们的政治:为什么一个非常虔诚的人无疑会更喜欢一个宽容的世俗国家,而非一个宽容的宗教国家?或者为什么一个无神论者会认为,在一个其成员绝大多数是教徒的国家里宗教的公共庆祝活动是适当的?或者,假如那些学生问自己,他们的国家是否有平等关怀所有公民的义务,而且如果有的话,这项义务对再分配税收和社会福利计划会产生怎样的影响?或者假如人们要求他们考虑在一个国家对其公民和外国人的待遇中,哪些差异在道德上是允许的?或者假如他们确实读过并辩论过马歇尔大法官在马萨诸塞同性婚姻案件中的观点,并假如他们不同意他的判决,他们就要受到挑战,并被要求说明理由。或者人们要求他们去思考,是什么让一种理论具有科学性,而"智慧设计"的创世理论是否符合他们认为适当的任何科学标准?

当然,我知道这个建议充满了或许不可克服的政治困难。文本的选择将极具争议,而教育受到当地政治与宗教团体操纵的危险性肯定也极高。如果不尝试这种事情的话，对每个人——学校董事会、校长，特别是教师——都会轻松很多。但这无疑将是令人羞愧的。如果我们允许国家继续伪装成民主的话，就不可原谅地欺骗了我们的孩子。那种认为公共教育是培育民主的学校的理念当然并不新鲜，它是杜威极具影响力的教育哲学中的核心部分。这一建议的新颖之处只在于其内容与雄心，而该建议只是由一种更现实的观点所支撑，这一观点是关于真正的民主需要什么，以及若我们无法提供它的话，我们将付出怎样的代价。

六、选　　举

我们也必须改变选举领袖的方式。选举法——关于政治献金、参加竞选、代表以及投票程序的规则——是一套复杂而不断演进的法律理论分支。通过举例的方式，我将表明这种法律现在的一些根本性趋势。我尚未试图仔细阐述我的建议，或试图考虑在实施这些建议的过程中存在的现实的或政治的障碍。这些障碍大多是明显的。我们没有试图正视每个建议所带来的某些明显的细节问题，包括对第三党或小党候选人的待遇问题。我以这种粗略的形式提出这些建议，主要是考虑它们不可避免击中的自然目标是否看起来可信。心理障碍是通往新方向的路上最大的障碍之一。让我们再考虑一下以下实例性的意见吧。

公共竞选频道。国会应当设立并资助两个特殊的公共广播频道，以在每个总统竞选时期提供持续的竞选报道。这些网络应当服从严格的时间平等与公平的报道限制，但除此之外，可以自由设立它们自己的新闻节目、新闻快报、脱口秀和分析。总统候选人将被要求定期举行由公共网络播放并组织的新闻发布会，而在这些新闻发布会之后，将允许广泛的后续询问。选举辩论将由这些公共网络组织并予以播出，而那些辩论的规则将由不受候选人合意变更的立法予以确立。一个由著名新闻学院的院长们作为当然成员的两党选举频道委员会将任命这些网络的官员，并对监督公正与平等时间标准拥有广泛的权力。

对私人网络与关联公司的监管。从任何候选人那里得到,或使任何候选人受益的电视和广播的全部支出应当受到严格限制,不管他的资金来源于何处。以熟悉的方式进行的政治广告应在所有网络中予以禁止,除了根据以下的规则:广告最多只能持续三分钟,其中至少两分钟必须让竞选官职的候选人或某组织的官员直接面对摄像机发言,因为他们为广告付了费用。

评论权。在总统选举期间,应当要求每个主要的地面和有限网络每周留出半个小时的黄金时段,向每个主要的政党开放,以纠正之前一周在该网络的报道和政治意见的广播中造成的错误或偏见。各个政党将被要求提供关于拟议材料的进一步的磁带,而且尽管网络将被要求播放所提供的材料,但如果它希望的话,仍允许它准备一项反驳。

律师将会告诉你这些建议有一个共同点:他们全部都违宪,因为它们构成了对我们宪法第一修正案中言论自由条款的侵犯。作为一项法律意见,我将为这些例证性建议中的某些而争辩。我相信,最高法院将第一修正案的原则运用到选举法中的某些裁决,包括主张对竞选开支进行限制构成违宪的著名而非常令人遗憾的裁决,这些裁决在当时是错误的,现在仍是错误的。[3] 但是我所直接关注的并非宪法,而是政治原则。言论自由绝不仅仅是我们宪法文件中的一个条款,它现在是为整个世界的类似国家和国际文件所承认的一项重要人权。难道第一修正案背后的道德与政治原则,那种为赋予该项自由以宪法地位提供正当性的原则,可以被我所想象的那种选举言辞的规则所侮辱吗?

现在,我们必须追问关于言论自由权的问题,我曾在第三章中讨论关于宗教信仰自由的伙伴权利时追问过这个问题。是哪种更基本的原则或政策为以哪种特殊的方式保护言论提供了理由?在关注这一问题的宪法学者和政治哲学家中留下了广泛的文献,而其中的大部分都强调没有单

---

[3] 关于竞选资金的判决时 *Buckley v. Vallejo* 案,424 U.S. 1 (1974). 我认为这项判决是错误的主张,参见 *Sovereign Virtue*, chapter 10.

一的答案。言论自由承载了一系列不同而重要的原则和政策。但其中的两个在我们此刻的讨论中最为切题。首先,言论自由是以下权利的关键部分,即人们必须确保它们在人类尊严的第二原则项下的个人责任:那种在他们的生活中确认和追寻价值的责任。其次,这种自由是实现任何可信的民主理念的极端重要的条件:它对于我讲过我们应当支持的伙伴式理念显然是必要的。因此我们必须追问,对选举法作出我所建议的那种激进的变革是否适合保护言论的那些基本理由的任何一条。

禁止某人向其他人谈论其良知和信念,是一种特别严重的损害。人们在与他人的对话和交换中,最有效地建立起他们的伦理和道德责任。为某个人的信念而呼吁——提供证人和证词——对多数人来说无论如何都是信念的必要部分,它是信念整体现象的组成部分。向他人证实自己是一个具有特殊信仰或信念的人是创造人之认同的一部分,是自我创造过程的一部分,而这一过程处于我们个人责任的中心。使某人的政治言论湮没是一种特别严重的侮辱,因为它否认了他作为一个完全的伙伴在自治中的角色。因此,我们应当以各种方式特别关注管制政治言论的危险。

但我们不应受到那种危险的蛊惑,而应当更仔细地审视所提出的特定规则带来的影响。对一个政治候选人的人格或对他的成功来讲,在选举期间要求他在电视上亲自而非通过演员说话,并要求他描述和捍卫他的信念;而不是仅通过广告歌曲来微笑,以此将他的信念提供给他人,这并不会有什么风险。这些限制绝不会减损他的真实性或真诚性,这些措施只会通过使扭曲和逃避变得更加困难的方式增进这些品质。当要求网络广播在其选举覆盖范围内明显地标识出,这代表他人的观点而非自己的观点,不存在对网络的首席执行官或它的公司业主或股东们的伦理或道德完整性的威胁。这些规则可能会很昂贵。网络放弃政治广告和牺牲政治辩驳的黄金时段所带来的金钱损失将相当可观,而弥补这些耗费的公共补贴可能也是适当的。但那是另一个问题,而且与言论自由无关。我们不会认为,任何人的人格完整性因禁止香烟或酒类电视广告的法律,或规定药品广告必须经过准确性审核而受到了威胁。我们的政治现在对民主造成的损害与被禁广告对健康所带来的损害是一样巨大的。

我所提到的保护言论自由的第二个理由,同样是非常重要的。如果剥夺了民众作出明智决定所需要的信息,或者掩盖了有效判断官员的业绩所需要的批评,民众就无法进行自我治理。而我提出的规则没有这样的后果。相反,设计这些规则是为了以更有益的方式增进公众获取所需信息的机会,因为这种方式较少受到扭曲和模糊化。确实,很多人会发现,这种根据建议受到管制的电视政治会不那么合乎他们的口味。他们可能就是更喜欢毫无道理的个人攻击,将其作为吸引人的政治旋律,放入关于政治经济的三分钟辩论中。如果我们被民主的多数主义理念所吸引,可能会将这作为一种严重的反对。我们可能会认为,民众可能有选择权去决定他们希望政治如何展现。而在伙伴式理念中,这实在是利害攸关。如果选举的公正有赖于推动选举中论辩的品质,那么民众没有民主权利使他们的政治陷入娱乐之中。

七、宪法与总司令

本章主要讨论了民主的程序问题:我认为,我们必须摒弃人们熟知的、对民主的多数主义理解。多数主义似乎具有吸引力,因为它将程序与实体分开,聚焦于在实体问题上存有异议的人,如何仍然能够就怎样公正地化解他们的分歧达成合意。但是,一旦我们认识到多数规则没有独立的公平德性,这种明显的优势就消失了,它对公平的诉求只有在特定的实体条件已经得到界定和满足的情况下才会出现。哲学家们长久以来都希望获得一种对政治公平的程序性描述,但结果一无所获。

因此我在本书中一直在谈论民主。我在第一章中描述的人类尊严的基本伦理原则,便是民主价值的来源。如果我们希望拥有民主,那么第三章在我们围绕教会与国家所进行的讨论中,我所界定的自由就必须得到保护。我在第四章中讨论的平等关怀也是如此。我同意,将这些实体问题与民主的程序问题截然分开将显得更为简单明了,但政治价值终究是统一的而不是多元的。早在第一章中,我设想了对以上章节的一种回应:有人可能会指出,即使出于勉强,美国人民显然支持我们政府的运作方式,他们以此来回应我的批评。但正如我们现在发现的那样,那完全是一种徒劳的回应,因为如果小布什政府的计划如我所指控的那样是错误的,时髦的同意根本无法挽救这些计划。

通观全书,我的关注集中于政治原则而非宪法或国际法。但我会在结束之前讨论一下我们的宪法,因为这是美国最大的政治优势之一,这种优势是很多其他国家现在竭尽全力去为自己努力争取的。宪法不仅保护个人权利,而且以高度抽象的条款来做到这一点,这些条款允许律师和门外汉们就如何最好地诠释这些原则进行持续的论辩。在每一章中,我们都遇到了这种抽象的宪法词汇:我曾提到了正当程序和法律的平等保护,言论自由、宗教信仰自由以及对设立任何国教的禁止。不论好坏,这些古老的的词句已经为法律理论和政治哲学构筑了厅堂。它们提供的保护远远未臻完美,古老的语言毕竟都成了古董而且没有考虑到当前的问题。出于实践的目的,最高法院拥有如何解释这些语言的最终决定权,而几乎在其作出判决的每个时期,它的记录中都布满了严重的错误。红派和蓝派一样,我们都担心未来这个法院会走向何处。而且尽管值得注意的是,我们现在最后悔的那些过去的判决,多数都是这个法院拒绝推翻违法的行政或立法决定的判决;我们也必须承认,它也在相反的方向上犯过错误,当他不应这么做的时候推翻政府其他部门的决定。

但是,宪法赋予了我们进行一种形式和内容的公共论辩的机会,如果没有宪法,我们就缺少了这种机会。它允许我们进行这种论辩的一个重要部分,我曾说过,这是我们在法律,并进而在政治性原则的纪律性语言中所需要的。我在本书中所讨论的一系列问题,已经以这样的方式进行过论辩:法院已经成为关于我们政治和公共生活中的宗教这种辩论的主要场所——不仅在职业律师之间,而且在报纸和流行杂志中面向广大公众。我们只是刚刚开始一场针对我在第二章中提出的那些议题的宪法辩论,这些议题关系到在我们为了防止进一步的恐怖袭击并谋求自保而采

第五章 民主是可能的吗?

取的措施中,我们是否可以放弃那种我们认为对人类尊严至关重要的对个人的保护,以及这种放弃要做到什么地步。不过,事实将会证明,这是我们曾经进行过的最重要的辩论之一。当看起来,减少人的权利对我们的防御非常必要时,小布什政府宣称,它拥有前所未有的权威去摆脱一系列的法律约束。尽管法律坚决禁止刑讯逼供,但政府仍宣称有权对它的罪犯实施刑讯,并宣称有权命令将他们"引渡"给那些可以刑讯他们的其他国家。他们宣称,对外国人之间和美国人之间电话,拥有监听的秘密权力,这种权力没有任何司法保障或任何种类的国会监督,只要总统或它的事务官们认定安全保障需要这样去做就行。总统说,他可以以这样的方式将自己置于法律之上,因为宪法宣告总统是总司令,没有任何其他政府部门拥有宪法权力去限制或质疑他在战时拥有的权威。当他相信令人怀疑的"战争"可能会持续数十年——甚至永远也无法结束时,这就变成了一种特别令人震惊的主张。只有一个机构——法院拥有实际的权力对此种对美国价值和自由的严重威胁进行审查。

你可能会感到惊讶,我在相信把政治道德性的重要事务交给宪法性裁判的问题上保留了我的激情。曾几何时,我在美国法学院工作的多数同事都有那种激情,但他们主要属于蓝色文化,而他们的雄心为最高法院在战后的数十年间对个人自由稳健而逐步改善的保护所点燃。他们对法院的信念现在被另一方向的右翼能动主义所浇熄。首席大法官约翰·罗伯茨(John Roberts)与塞缪尔·阿利托(Samuel Alito)现已在布什最新的提名之下加入了法院,与具有高度保守主义倾向的安东尼·斯卡利亚(Antonin Scalia)和克拉伦斯·托马斯(Clarence Thomas)联合在一起,人们普遍认为,这两位法官与那些法官有着共同的信念和作为。他们担心,现在可能至少在下一代被保守主义者所支配的最高法院将会露出这样的迹象,它不仅会撤销在个人权利上取得的那些进展,而且会在政府部门的权力平衡之间实现只能被认为是革命性的变革:将权力从国会转移到州立法者,而且认可而非否决布什政府要求获得空前至高权威的要求。

我将会为这种可以预见,而又尽管难以避免的最高法院向右翼的急速转变感到遗憾。但是如果我们相信,民主的多数主义理念是难以令人满意的;而与此相对,我们必须拥抱一种伙伴式的理念,那么我们就必须铭记,一个具有最高法院权力的司法机构能够实现后者的理想。每当我们反对这个法院所作出的判决时,我们不要谴责司法审查是非民主的。不过,我担心的是一个任命年轻的意识形态式法官的意识形态式的政府,这个政府任命的这些法官在法院的任期将持续数代,直到这个国家已经将自身扭转回到了到目前为止它经常保持的中间立场。司法任命已经变得更加政治化,而总统策略性地使用这种任命,以施展给特定的选民看。总统也倍加小心,避免使自己像过去的总统们那样(因任命的法官与期待不符而)陷入窘境。艾森豪威尔曾经说,他在自己的任内曾犯过两个重要的错误,而这些错误都是关于最高法院的。他意指首席大法官厄尔·沃伦(Earl Warren)和大法官威廉·布伦南(William Brennan),他们成了最高法院历史上极为自由主义的大法官。总统们现在变得更加谨慎,也更不大可能出现这种错误,尽管当然也并非完全不可能。

我非常赞成这种变化:我们应当修改宪法,制定一个条款以限制最高法院大法官的权力,或许给予他们最长 15 年的任期。我知道,我们有一些最伟大的法官服务的时间要比这个任期长得多。而且我也理解在裁判事务中,就像很多事务一样,经验很有价值而实践会带来完美。我也理解,预定的退休会允许诉讼人采取关于何时向法院提起诉讼的策略性决定。尽管如此,我仍认为意识形态化的法官任职数十年所带来的危险,对风险的持续来说未免太大了。如果我们确实创造了约束最高法院法官的条款,这种限制当然只适用于这一改变之后任命的法官。那么我们就不得不想想如何处理前法官们,其中的某些人可能太年轻,还没到退休去撰写他们的论文集的时候。我们不能允许他们接受公司的招聘或律师事务所的合伙人职务,或者为公共机关而效劳;他们还在位的时候出现腐败的风险将变得太大。但他们可以接受下级法院的任命,而且如果造成的侮辱不算太大的话,他们可以在法学院里执教——在这些地方,唯一可能发生的腐败就是一种赞美自己观点的无害兴趣。

结　语

我说过,我希望开始一场论辩,而我已尽了自己最大的努力。我希望不论你属于红色之国或蓝色之国,都已在我所谓的论辩之中发现一些东西,而不仅仅是欢呼或憎恨。开始我提出了人类尊严的两个基本原则,现在我能够通过我在之后增加的细致阐述来重申它们了。这些原则主张:首先,每个人的生命具有内在而平等的价值;其次,每个人有不可剥夺的个人责任,去确认和实现他或她自己生命中的价值。我认为,几乎所有的美国人——以及具有类似政治文化的其他国家的几乎所有公民——都会拥护这两大原则,实际上他们无法在不放弃他们所珍视的伦理或宗教承诺的情况下,一以贯之地拒绝这些原则。我宣称,这些原则可以作为美国人的共识,尽管这些美国人现在已经在关于政治的问题上非常深刻地分化开来。这些原则可以建构我们现在令人羞愧地缺少的:一种真正的政治论辩。

没有具体的例证,抽象原则将显得没有意义;我试图通过在当下非常热门的政治争议中的四个议题来展示这两大原则如何发挥作用,以此来捍卫我的主张:人权与恐怖主义,我们公共生活中的宗教,赋税与经济资源的分配,以及民主的特性和程序。数年来,我们或许陷入了与此非常不

161 同的争议。我们可能已经停止了关于卡特里娜飓风、选择性最小赋税和同性婚姻的讨论，并开始更严重地陷入遗传工程、全球变暖，或我们对遥远国度沦落到令人绝望的贫穷的人们所负有的责任的那些问题。但尊严的两个基本原则将存在下去，而且它们仍将博得我们的关注。这些原则本身并非政治性的，但他们已经穿透了政治内涵，因为任何接受它们的人也必须接受，当一个政府没有对它所统治的每个人提供平等关怀的时候，或者没有为人民为践履他们生活所需要的权利去提供保护的时候，政府便损害了自身的合法性。

凭借尊严的这些维度，我论证了自己相信形成当下对自由主义的最佳理解的政治立场。在其他主张之外，我主张任何关于人权的充分理论都会坚信：一个国家不应用它的法律和传统禁止伤害其公民的方式来伤害任何人；只有一个宽容的世俗国家，才会尊重其公民对伦理价值的个人责任；一个合法的国家必须以通过一种税收架构实现事前平等为目标，而这种平等来自于集体保险池这一古老政治理想的灵感；以及民主需要一种政治论辩和互相尊重的文化，而非仅仅是赤裸裸的多数主义规则。在这一论辩的每个阶段，我都挑战了那些反对我所捍卫的自由主义的人——他们来自于左翼或右翼，并建构一种从对这两个原则的不同诠释开始面向不同结论的论辩。

162 我尽力表明这些相反的论点可能采取的方向。很多人认为，放松我们对个人隐私、公民自由和法律保护的关注并非不公正，它只不过是针对我们安全所遭到的真实而可怕的威胁的一种合理反应。很多人认为鉴于多数美国人信奉上帝并希望强调这一点，因此在我们的政治和政府中对宗教新的强调恰恰是公正的。很多人认为公正和效率要求一种鼓励成就的税收政策，以及美国人有权选择他们觉得更为适意的政治，即使谈论商谈民主的少数知识分子会更赞同一种更具智性的政治模式。我提议我们就以下内容进行辩论，即这些根本不同的政治立场——我所陈述的自由主义原则或者这些更保守主义的替代性方案——哪个更能抓住并表达蕴藏在尊严的两大原则中的更深的价值。我已提出我在这场论辩中的立场。那些反对的人可以,而且我希望他们能够建立比我所设计的更强大的论辩。

然而,一些开始加入这种挑战的人可能会更喜欢一种不同的策略。如果他们发现或开始怀疑他们所支持的政治立场确实与那两个原则相抵触,他们可能宁愿拒绝这些原则而非改变政治立场。这并不总是一个不允许的策略。我们通常会通过检测它们在实践中的后果的方式来测试原则,如果我们无法容忍那些后果的话,便可以进而拒绝那些原则。但是,在这种情况下这种策略将是致命的,因为我所描述的原则对多数人来说是我们整个价值结构的深层次前提,而我们实际上无法抛弃它们。我们只能告诉自己,我们拥有并将深陷于虚假的生活。我们无法放弃这样的理念,它对我们如何度过自己的生活实在非常重要,或者说我们如何生活是自己的责任。

其他读者可能会尝试以不同的方式处理这个挑战:完全无视它。对于他们固定的政治偏好而言,很多人对哲学性的挑战毫无兴趣。他们不希望扪心自问,他们能否将那些偏好与关于生命和尊严的原则相互协调一致,而这些原则是他们难以拒绝的。他们把政治当作一种简单的效忠,而非理性的决断,就像球迷对待棒球队一样。他们喜欢这样的卡通画,其中一个猴子般的布什总统将手拖在地上,或拖着标题是《如何与一个自由主义者交谈(如果你必须如此)》的书本。[1] 真正的论辩或内省是他们最后才考虑的事情。他们通过一种僵硬的智力分隔来达到这种精神状态:他们将自己的个人价值与尊严的理想,锁定到关于他们个性的分隔的厅堂里,而这个厅堂恰恰是与他们的政治绝缘的。他们完全会拥护关于人类生命重要性的人道思想,并进而投票支持承诺削减社会福利计划的政治家;他们会坚持他们自己对宗教信仰的个人责任,并进而为承诺创造一个基督国家的政治家而鼓掌欢呼。

这种绝缘在道德上是不负责任的。几乎对我们所有人来说,政治是

---

[1] Ann Coulter, *How to Talk to a Liberal* (*If You Must*) (Crown Forum, 2004).

我们生活中主要的道德场所。我们在投票和游说中共同做出的选择是极其重要的，而拒绝面对要求以我们完整的个人操守做出的那些选择是卑劣的。在第一章中，我指出当我们对他人的尊严——对他们生命的重要性和对他们生活的责任关心不足时，我们表现出对自己的蔑视。当我们努力使自己对这视而不见时，我们加重了这种自我蔑视。分隔不仅是一种严重的道德失败，而且是个人尊严的严重失败。这本书的前提是有足够的美国人重视他们的自尊并有所作为。

将真正的民主带给美国是可能的吗？我已经提供很多理由证明这是不可能的，而你或许会认为，对于我所建议的很多改变，其极大的政治不可能性只会增强我明显的悲观主义。但是我应当告诉你，作为结论，我自己保持着可能是反常的乐观主义，因为我们的国家拥有如此之多的良善和智慧。我认为，我们现在正处于我们历史中一段特别令人沮丧和危险的时期。但是如果你眼光放得更加长远的话，你将会分享我的一些希望。在过去两个世纪，拥有良好意愿、智慧和雄心的美国人，已经给予世界很多现在看来仍然是最好的事物。

我们给予了世界一种保护少数群体，包括宗教非国教派者和无神论者之权利的宪法理念，一部为其他国家所羡慕而现在正逐步，至少间接地成为他们灵感源泉的宪法。在"二战"之后，我们以国家的慷慨给世界上了一课，而当世界迸发出对国际组织与国家法的新的热情时，我们又给予它以领导。我们给予世界这样的理念，社会正义不是对社会主义的维持，这在20纪中叶的欧洲显得引人注目；我们给予世界一种平等的资本主义理念，以及在新政（New Deal）中实现这个成就的一种即使有限但严肃的步骤。正是这些理念和理想，世界其他地方的很多人认为我们现在已经抛弃了。但是，在我们的国家性格中，热爱尊严的根茎无法完全枯萎，它让我们以这些方式引领潮流。在本书中我呼吁论辩，而你可能会以为现在我只能最终退回到信念之中，你或许是对的。但没有信念的话，论辩便毫无意义，而这种信念存在于与你进行论辩的那些人之中。

索　引

一、本索引译自原书,为方便读者对照,特保留原文。

二、名称后数字为原书页码,请按切口处所标识页码查找。

abortion 堕胎: conservative fervor over 反对～的保守热情 78; as murder 作为犯罪 78-79; personal responsibility and 个人责任和～72; and political role of religion ～以及宗教的政治角色 54;

Abu Ghraib prison 阿布格莱布监狱 37;

Achievements 成就: subjective versus objective value of 主观价值相对于客观价值的～14;

Ackerman, Bruce 阿克曼,布鲁斯 128, 147;

Advertising 广告, political 政治的, 129, 151;

affirmative action 肯定性行动 32;

Alito, Samuel, 阿利托,塞缪尔 157;

Argument,论辩: absence of, ～的缺席 4-5; avoidance of, ～的无效 162-63; conduct of ～的行为 22; Constitution as basis for 宪法作为～的基础 156; definition of ～的定义 4; majoritarian versus partnership views on 关于～的多数主义者相对于伙伴式观点 132-33; sloganeering versus, 口号相对于～94;

Atheists 无神论者, as conscientious objectors 作为良知反对者 72;

bad-faith violations of human rights 恶意侵犯人权, 42-45;

baseline violations of human rights 触碰底线的侵犯人权行为, 36-42; 死刑 capital punishment, 39-40; 拘留 detention, 40-42, 50-51; 尊严作为标准 dignity as criterion for, 37-38; 刑讯 torture, 38-39

Benedict XVI 本尼迪克特十六世 46;

Bin Laden, Osama 本·拉登, 奥萨马 1;

Blair, Tony 布莱尔, 托尼 42;

blue culture 蓝色文化 2-3, 7, 135;

Bob Jones University 鲍勃琼斯大学 53;

Bosnian Serbs 波黑塞族 46;

Brennan, William 布伦南, 威廉 158;

Britain 大不列颠 32-33, 57;

budget deficit 预算赤字 91;

Bush, George H. W. 布什, 乔治 H. W. 93;

Bush, George W., and administration 布什, 乔治 W., ~和政府: authority claims of ~的官方主张 156-57; and detention 和拘留 25-26, 40-42, 50-51; first term actions of 第一任期内的行动 141; on intelligent design 关于智慧设计 81, 84; judicial nominations by 由~的司法提名 137; and religion 和宗教 52, 53, 58, 75; and rights of combatants 和战士的权利 28-29; on spread of democracy 关于民主的扩展 130; and surveillance 和监视 25, 156-57; and taxes 和赋税, 90-92, 119-26; and torture 和刑讯, 25, 38, 156; and 2004 presidential election 和2004年总统大选 1, 3, 130;

campaign finances 竞选资金 128-29;

campaigns, political 竞选, 政治的 128-29, 151-54

capital punishment 死刑 39-40;

Casey decision 凯西案判决 72;

Catholicism 天主教 19;

ceremonial displays 礼仪展示 86;

chance, political decisions made by 机会, 做出的政治决定, 139;

Cheney, Dick, 切尼, 迪克 1;

Chirac, Jacques 希拉克, 雅克 57;

citizenship 公民权 48;

civil unions 公民结合 87;

Clinton, Bill 克林顿, 比尔 93;

coercive interrogation 强制审讯 See torture, 参见刑讯;

commander in chief, powers of, 总司令, ~的权力 25, 157;

common ground 共识: controversy and 论争和 ~ 21-23; democracy as 民主作为 ~ 130; failure to seek 未能寻求 ~ 4-5; in liberalism 在自由主义中 7; philosophical basis of ~的哲学基础 8, 9; possibility of ~的可能性 6-8; principles underlying 潜含 ~的原则 9-11, 104; value of ~的价值 22;

compartmentalization of ideas/beliefs 理念/信念的区隔化 162-63;

Condorcet, Marquis de 孔多塞侯爵 140;

Congress, and Schiavo case 议会, 和谢维讼案 54, 136;

conscientious objectors, atheists as, 拒服兵役者, 作为 ~ 的无神论者 72;

consent, political legitimacy and 共识, 政治合法性和 ~ 95-96, 112;

conservatives. See red culture; religious Right 保守派人士。参见红色文化, 宗教权利;

Constitution 宪法: Eighth Amendment 第八修正案 39; First Amendment 第一修正案 30, 31, 57, 129, 152; judicial controversies concerning 关于宪法的司法争议 135; limitations on power set by 宪法设定的权力界限 131-32, 135, 146; significance of 宪法的特征 155-56, 163-64;

constitutional rights 宪法权利 30-32, 146;

consumption taxes 消费税 117;

Contemporary Politics courses 当代政治课 148-50

contract model of economic justice 经济正义的契约模式 111-12;

courage 勇气 50-51;

cruel and unusual punishment 异常酷刑 39;

culture 文化: changes in meanings found in 源自 ~ 的意义改变 88; collective versus individual decisions about 关于～的集体决定相对于个人决定 75-76；gay marriage and 同性婚姻与～ 87-89；influence of ～的影响 17-18, 76；liberty and 自由权与～ 73-78；majority rule and decisions about 多数规则与关于～的决定 74-75, 77-78；religion and 宗教与～ 74；

"culture of life,""生命文化" 75；

Danforth, John 丹福斯, 约翰 54；
Darwin, Charles 达尔文, 查尔斯 81。See also evolutionary theory 也参见革命理论；
debates, presidential 辩论, 总统选举的 5, 130；
DeLay, Tom 德雷, 汤姆 54, 136；
Deliberation Day 审议日 147；
democracy 民主：as common ground 作为共同基础 130；education and 教育和～ 150；freedom of speech and 言论自由和～ 153, 154；procedural versus substantive 程序相对于实体 134；red versus blue culture conceptions of ～的红色文化概念相对于蓝色文化概念 135；threats to ～的威胁 130；two models of ～的两种模式 131-35；United States as ～的美国 130-33, 147, 163-64。See also majoritarian theory of democracy；partnership theory of democracy 也参见民主的多数理论；民主的伙伴理论；

Democrats 民主主义者：and surveillance ～和监督 25；and taxes ～和赋税 94；and 2004 presidential election ～和 2004 年总统选举 1-2；
detention 拘留：as bad-faith policy 作为恶意政策 42-45；Bush administration and 布什政府和～ 25-26, 40-42, 50-51；defenses of 抵御～ 40-41, 45-50；as human rights violation 作为侵犯人权 40-42, 50-51；as rights violation 作为侵权 26-29；
deterrence, capital punishment as 威慑, 死刑作为～ 39；
Dewey, John 杜威, 约翰 150；
dignity 尊严：capital punishment and 死刑和～ 39-40；human rights and 人权和～ 35, 37-38；loss of, through inhumane behavior 失去～, 通过非人道行为 16-17, 50-51, 163；political rights and 政治权力和～ 32；political settlement and 政治解决和～ 104-5；principles of ～的原则 10-11, 70, 160-62。See also respect 也参见

索引

尊重；

discrimination 歧视 37；

distributive principles 分配原则：as fundamental to government ~作为政府的根基 100-101；and restriction of freedom ~和自由的限制 70；and taxes ~和赋税 92；

districting 分区 135；

divine intervention, explanatory value of 神的介入，~的解释性价值 82-83；

divisions in politics 政治的分支 1-3；

Douglas, William O. 道格拉斯，威廉 O. 62；

earnings, individual ownership of 工资，~的个人所有 123-26；

economic justice 经济正义：current arguments concerning 关于~的当下辩论 119-26；images of ~的形象 111-14；

economic rights 经济权利 33；

economy 经济：egalitarian economic policies 平等主义的经济政策 102-4, 108-11；equal opportunity and 平等机会和~ 108；ex post versus ex ante equality and 事后相对于事前平等与~ 108-11；majority rule and decisions about 多数规则与~决策 77；personal responsibility and 个人责任与~ 107；political settlement and 政治解决与~ 99；tax cuts and 减税与~ 91-92, 119-20；

education 教育 148-50；

egalitarian economic policies 平等主义经济政策 8-11；

Eighth Amendment 第八修正案 9；

Eisenhower, Dwight 艾森豪威尔，德怀特 158；

elections 选举：broadcast regulation concerning 关于~的广播条例 151, 153；Deliberation Day preceding ~之前的审议日 147；equality of citizens and 公民平等与~ 144-45；public broadcasting channels for 为~的公共广播频道 151；

emergency, human rights violations in 紧急状态，~中的侵犯人权 49-50；

equal concern 平等关怀：aggregate welfare versus 总福利相对于~ 101-2；current policies failing standard of 失去~标准的当前政策 119-26；economic organization and 经济组织与~ 107-8；ex post versus ex ante equality and 事后平等相对于事前平

149

等与 ~ 108-11；as government requirement ~ 作为政府的必备条件 95, 97；political settlement and 政治解决与 ~ 99；procedural implications of ~ 的程序内涵 144-45；

equality 平等：as basic principle ~ 作为基本原则 10-11；liberty in relation to 就 ~ 而言的自由 11。See also ex ante equality；ex post equality 也参见事前平等；事后平等；

estate taxes 房地产税 117-18；

ethics 伦理；morality versus 道德性相对于 ~ 20-21, 61-62；politics and private 政治与私人 ~ 104；state power over 基于 ~ 的国家权力 21；

Europe 欧洲：and capital punishment ~ 与死刑 39；freedom of speech in ~ 的言论自由 33, 48-49；

European Convention on Human Rights 欧洲人权公约 28, 48-49；

evangelicalism 福音主义。See religious Right 参见宗教信仰权利；

evolutionary theory 进化论 53, 79-84；

ex ante equality 事前平等 108-9, 111, 112-17；

exceptionalism, personal 例外主义，个人的 15；

expected well-being 预期的福祉 116；

ex post equality 事后平等 108-11；

Fabian movement 费边社运动 112；

fair trial, right to 公正审判，获得 ~ 的权利 31, 42-45；

faith 信仰：personal responsibility compatible with 个人责任与 ~ 19；reason versus 理性相对于 ~ 83-84；science and 科学与 ~ 80；

fetus 胎儿 79；

filibusters 议事阻挠 137-38；

First Amendment 第一修正案 30, 31, 57, 129, 152。See also freedom of speech 也参见言论自由；

fiscal policy, taxes and 财政政策，赋税与 ~ 91-92, 168n20；

Fishkin, James 费什金，詹姆斯 128, 147；

索 引

flat-rate tax system 单一税制 117, 124;

foreigners, rights of 外国人, ~ 的权利 47-48;

Fourth Circuit Court of Appeals 第四巡回上诉法院 136;

Fox News 福克斯新闻台 129;

France 法国 57;

freedom 自由:definition of ~ 的定义 67; liberty versus （积极）自由相对于（消极）~ 69; restriction of, justifications for ~ 的限制, ~ 的正当性 70-73; as theological requirement ~ 作为神学的要求 68。See also liberty 也参见自由;

freedom of religion 宗教信仰自由 60-62, 67-68;

freedom of speech 言论自由:in Europe 欧洲的 ~ 33, 48-49; as human right ~ 作为人权 152; political campaigns and 政治运动与 ~ 152; principles underlying 暗含 ~ 的原则 152-54; as right ~ 作为权利 30, 31;

Frist, Bill 菲斯特, 比尔 81, 84;

gay marriage 同性婚姻 5-6, 54, 86-89;

Geneva Conventions 日内瓦公约 28-29, 41, 45;

genocide 种族灭绝 37, 46;

Germany, Holocaust denial criminalized in 德国, 否认大屠杀在 ~ 构成犯罪 34, 36;

Gingrich, Newt 金瑞奇, 纽特 4, 64, 75;

God 上帝。See divine intervention; religion 参见神的介入; 宗教;

Goldsmith, Lord 戈德史密斯勋爵 42;

Gonzales, Alberto 冈萨雷斯, 阿尔伯托 38;

good life 良善生活。See intrinsic value of human life 参见人类生命的内在价值;

government 政府:bad-faith actions by ~ 的恶意行为 42-45; conservatives versus liberals on 关于 ~ 的保守派相对于自由派 104; economic effects of, on citizens ~ 的经济努力, 关于公民 98-99; and equal concern (see equal concern) 和平等关怀（参见平等关怀）; and establishment of religion 与确立国教 58-60; ethics and 伦理与 ~ 21; and interests of individuals ~ 与个人利益 31; legitimacy of ~ 的正当性 95-97; morality and 道德性与 ~ 21; power of ~ 权力 95; restriction of freedom

by ~对自由的限制 69-73；role of ~的角色 92-93，104，122-23；
Guantánamo Bay detention center 关塔那摩湾监禁中心 25，27，41-42，45，50；

Hobbes, Thomas 霍布斯,托马斯 111；
Holocaust denial 否认纳粹大屠杀犹太人 34，36；
homosexuality 同性恋 72。See also gay marriage 也参见同性婚姻；
honor 荣誉 51；
human rights 人权：bad-faith violations of 恶意侵犯 ~ 42-45；baseline 底线 35-42；
  baseline violations of 突破底线的侵犯 ~ 36-42；concept of ~ 的概念 28, 30；detention policy and 拘留政策与 ~ 29；dignity and 尊严与 ~ 35，37-38；government intentions and 政府意图与 ~ 35；international treaties on 关于 ~ 的国际条约 28-29；not absolute 并非绝对 49-50；political rights versus 政治权利相对于 ~ 33-35；
  rejection of 拒绝 ~ 46；
Hutu 胡图族 46；

impersonally judgmental justifications for restriction of freedom 限制自由的客观判断
  理由 71-73，87；
individualism 个人主义 10；
influence, on way of life 影响,对人生道路 17-18；
inheritance taxes 遗产税 117-18；
insurance pool model of economic justice 保险联营模式的经济正义 111-18，121；
intelligent design theory 智慧设计论 53，80-84；
interests 利益：of fetus 胎儿的 ~ 79；government and individual 政府和个人的 ~ 31；
  morality versus 道德性相对于 ~ 27-28；
international law 国际法。See treaties, rights obligations under 参见条约, ~ 下的权
  利保护义务
intrinsic value of human life 人类生命的内在价值 11-17；as basic principle ~ 作为基
  本原则 9-10，16，70；basis of belief in 对 ~ 之信念的基础 14-15；human rights
  and 人权和 ~ 35，37；objectivity of ~ 的客观性 12-14；political rights and 政治权

利与~ 32；respect and 尊重与~ 16-17；subjective view of ~的主观看法 11-12；

Iraq war 伊拉克战争 27-28；

Israel 以色列 57；

John Paul II 约翰·保罗二世 57；

Jones, Bob, III 琼斯, 鲍伯, 三世 53

journalism 新闻业 129；

judges 法官：appointment of ~的任命 158；political controversies over 关于~的政治争议 135-37

justice 正义：images of ~的形象 111-14；political legitimacy and 政治合法性与~ 95, 96；Rawls's theory of 罗尔斯的正义论 103-4；taxes and 赋税与~ 105-6（*see also* theory of just taxation 也参见合理征税理论）；

Justice Department 司法部 25；

just taxation 合理征税。See theory of just taxation 参见合理征税理论；

Kant, Immanuel 康德, 伊曼努尔 16-17；

Katrina, Hurricane 卡特里娜飓风 90；

Kennedy, Anthony 肯尼迪, 安东尼 62-63；

Kennedy, John 肯尼迪, 约翰 52；

Kerry, John 克里, 约翰 1, 53, 93, 130；

Keynes, John Maynard 凯恩斯, 约翰·梅纳德 120；

King, Martin Luther, Jr. 金, 小马丁·路德 65；

laissez-faire 自由放任 99-100；

Lawrence v. Texas 劳伦斯诉德克萨斯州案 72；

legal rights 法律权利 30；

legitimacy 合法性 See political legitimacy 参见政治合法性；

Lemon test 雷蒙测试 59, 62-63；

liberalism 自由主义：American principles and 美国原则与~ 7；and relativism ~与相

对主义 46; and religion ～与宗教 63-66。See also blue culture 也参见蓝色文化;

liberty 自由权: as basic principle ～作为基本原则 10-11; culture and 文化与～ 73-78; definition of ～的定义 67; equality in relation to 与～相关的平等 11; freedom versus（消极）自由相对于积极～ 69; government role and 政府角色与～ 122-23; personal responsibility and 个人责任与～ 69-73; pledge of allegiance and 宣誓效忠与～ 85; religious versus secular models of ～的宗教模式相对于世俗模式 67; security and 安全与～ 26-28; tolerant religious state and 宗教宽容的国家与～ 68-69。See also freedom 也参见自由;

Locke, John 洛克,约翰 68;

lot 抽签: political decisions made by 通过～的政治决策 139;

luck 运气: economic role of ～方面的经济角色 109;

majoritarian theory of democracy 民主的多数主义理论: appropriateness of ～的适当性 139-40; constitutional limitations on ～的宪政限度 131-32, 146; cultural concerns and 文化关注与～ 74-75, 77-78; economic concerns and 经济关注与～ 77; equal power argument for 关于～的平权观点 141-43; and filibusters ～与阻挠议事者 137-38; inadequacy of ～的不适当性 143, 155; and judicial controversies ～与司法争议 135-37; popularity of ～的流行 139; practical arguments for ～的实践论据 140-41; procedural nature of ～的程序属性 134; red culture support of 支持～的红色文化 135; in representative government 代议政府中的～ 141; role of public argument in ～中公共论辩的角色 132;

Marburger, John 马伯格,约翰 84;

Marshall, Margaret 马歇尔,玛格丽特 5, 150;

Massachusetts Supreme Court 马萨诸塞州最高法院 5, 54, 87;

miracles 奇迹 82-83;

Mondale, Walter 蒙代尔,沃尔特 93;

money 金钱: individual ownership of 金钱的个人所有 123-26; role of, in politics ～的角色,政治中的～ 128-29;

morality 道德性: ethics versus 伦理相对于

~ 20-21,61-62;interests versus 利益相对于 ~ 27-28;state power over ~ 之上的国家权力 21;and 2004 voter behavior ~ 与2004年的选民行为 53；

Murdoch, Rupert 默多克,鲁伯特 129；

negative campaigning 负面宣传 129；
New Deal 新政 92,112；
news coverage of politics 政治的新闻报道 129,151-54；
New York Times 纽约时报 25,92

1984（Orwell）一九八四（奥威尔）38；
O'Connor, Sandra Day 奥康纳,桑德拉·戴 59；
Orwell, George 奥威尔,乔治 38；

partnership theory of democracy 民主的伙伴理论:blue culture support of 支持 ~ 的蓝色文化 135;definition of ~ 的定义 131;and equal concern ~ 与平等关注 144-45；and filibusters ~ 与阻挠议事者 137-38;and judicial controversies ~ 与司法争议 135-37;rights underlying ~ 隐含的权利 46;role of public argument in ~ 中公共论辩的角色 132-33;and self-government ~ 与自治 145-46;substantive nature of ~ 的本质属性 134;United States not example of 不是 ~ 例子的美国 146-47；
paternalism 家长主义 37,73,74；
personally judgmental justifications for restriction of freedom 关于限制自由的个人判断理由 70-73,77-78,85；
personal responsibility 个人责任 17-21;as basic principle 作为基本原则 10,70；collective action versus 集体行动相对于 ~ 76-78;decisions defining 限定 ~ 的决定 20-21；and economic organization ~ 与经济组织 107;ex post equality and 事后平等与 ~ 109-10；and faith versus reason ~ 与信仰相对于理性 83-84;human rights and 人权与 ~ 35,37-38;liberty and 自由权与 ~ 69-73;objectivity of ~ 的客观性 20;political rights and 政治权利与 ~ 32;Rawls's theory of justice and 罗尔斯正义论与 ~ 103-4;religion and 宗教与 ~ 18-20,65-69;self-government and 自治与 ~

145-46;

personhood 人格 72;

pleasure 愉快 12;

pledge of allegiance 宣誓效忠 84-86;

policy, morality versus 政策,道德性相对于 ~ 27-28;

political campaigns 政治运动 128-29, 151-54;

political legitimacy 政治合法性: as moral justification 作为道德证明的 ~ 95; requirements of 对 ~ 的要求 95-97; of U. S. system 美国系统的 ~ 126;

political rights 政治权利:definition of ~ 的定义 31; human rights versus 人权相对于 ~ 33-35; justification of ~ 的正当化 32; national differences in ~ 的国家差别 32-33;

political settlement 政治解决:definition of ~ 的定义 99; dignity and 尊严与 ~ 104-5; distributive principles and 分配原则与 ~ 100-101, 105; equal opportunity and 平等机会与 ~ 108; individual earnings and 个人收入与 ~ 124-25;

politicians, treatment of public by 政治家, ~ 的公共行为 127-28;

politics 政治:avoidance of 避免 ~ 162-63; divisions in ~ 的部门 1-3; high school courses on ~ 的高校课程 148-50; poor state of ~ 的糟糕情况 127-30, 147; private ethics and 私德与 ~ 104;

procedural implications of principles of dignity 尊严原则的程序性内涵 144。See also democracy; political settlement; religion and politics 也参见民主;政治解决;宗教与政治;

pornography 色情出版物 74;

power 权力: differences in political 政治 ~ 的差别 142; individual political 个人的政治 ~ 142; moral justification of ~ 的道德论证 95; in representative government 代议政府的 ~ 141;

prayer in school 学校内的祈祷 59, 62;

prejudice 偏见 37;

presidential debates 总统大选辩论 5, 130;

principles, rejection of 原则,背弃 ~ 162;

progressive taxation 累进税制 117;

public goods 公共品 124;

public intellectuals 公共知识分子 5;

public opinion 公众舆论:on issues 关于问题的 ~ 128;on taxes 关于赋税的 ~ 93-94,97-98;

public reason 公共理性 64;

Rawls, John 罗尔斯,约翰 64,103-4,112;

reason 理性:faith versus 信仰相对于 ~ 83-84;public 公共 ~ 64;

red culture 红色文化 2-3,135;

redistricting 重新划区 135;

regressive national sales tax 回归国家销售税 117;

relativism 相对主义 46;

religion 宗教:establishment of ~ 的建立 58-60;First Amendment and 第一修正案与 ~ 57;as foundation of intrinsic value of human life ~ 作为生命的内在价值 14-15;freedom as intrinsic to 自由作为 ~ 的内在方面 68;free exercise of ~ 的自由实践 60-62,67-68;liberalism and 自由主义与 ~ 63-66;

religion (*continued*) 宗教(续)

national role of ~ 的国家角色 52,62,64-65,67-68;personal responsibility and 个人责任与 ~ 18-20,65-69;public displays of ~ 的公共表现 86;science and 科学与 ~ 79-84。See also religion and politics 也参见宗教与政治;

religion and politics 宗教与政治:gay marriage as issue for 同性婚姻作为 ~ 的问题 84-86; issues in ~ 的问题 55-56;pledge of allegiance as issue for 宣誓效忠作为 ~ 的问题 84-86;recent developments in ~ 的晚近发展 52-55;science as issue for 科学作为 ~ 的问题 79-84;separation versus commingling of ~ 分离相对于结合 64-65;two models of ~ 的两种类型 56-57。See also tolerant religious state; tolerant secular state 也参见宽容的宗教国家,宽容的世俗国家;

religious Right 宗教自由:on cultural role of religion 关于宗教的文化角色 75;political role of ~ 的政治角色 53-55;

rendition 引渡 156

representative government 代议政府 141;

Republicans 共和党人:and religion ～与宗教 54;and Schiavo case ～和夏沃讼案 136;and surveillance ～与监督 25;and taxes ～与赋税 90-91, 117;and 2004 presidential election ～与2004年总统大选 1-2;

respect 尊重:argument and 论辩与～ 22;bad-faith violations of 对～的恶意侵犯 42-45;partnership theory of democracy and 民主的伙伴理论与～ 132-33;for self and others 为己为人的～ 16-17。See also dignity;self-respect 也参见尊严;自我尊重;

retribution, capital punishment as 惩罚,死刑作为～ 39;

revelation, personal responsibility compatible with 揭露,与～相容的个人责任 19;

Rice, Condoleezza 赖斯,康多莉扎 25;

rich-poor gap 贫富差距 91, 126;

rights 权利: controversy over 关于～的论争 27-29;of fetus 胎儿的～ 79;legal versus moral perspectives on ～的法律面向相对于道德面向 28-29;not absolute 非绝对的～ 48-49;in partnership theory of democracy 民主的伙伴理论中的～ 146;terrorism and 恐怖主义与～ 24-30, 40-42。See also specific types 也参见特定类型;

Roberts, John 罗伯特,约翰 157;

Roe v. Wade 罗伊诉韦德案 54, 72;

Roosevelt, Franklin D. 罗斯福,富兰克林 D. 92, 112;

safety net model of economic justice 经济正义的安全网模型 120;

same-sex civil unions 同性婚姻 87;

Scalia, Antonin 斯卡丽亚,安东尼 157;

Schiavo, Terri 夏沃,特丽 54, 75, 136;

science 科学:religion and 宗教与～ 79-84;verification/falsification essential to ～必要的证成与证伪 82;

secularism 世俗主义。See tolerant secular state 参见宽容的世俗国家;

security 安全:"balance" metaphor for ～的"平衡"隐喻 27, 51;compromise of, for greater principles ~的妥协,为更重要的原则 43-45,50-51;freedom and 自由与 ~ 26-28;overvaluation of 过高估计 ~ 51;rights and 权利与 ~ 48;torture and 刑讯与 ~ 38;

self-government 自治 145-46;

self-respect 自我尊重 16-17,50-51;

Senate, and filibusters 参议院,~与议事阻挠 137-38;

skepticism, about moral truths 怀疑论,关于道德事实 46;

slavery 奴隶制 97;

social contract, and economic justice 社会契约,与经济正义 111-12;

social democratic parties 社会民主党 112;

socialism 社会主义 77,105-6;

social rights 社会权利 33;

sodomy 鸡奸 72;

South Africa 南非 97;

states' rights 州权 123;

stem-cell research 干细胞研究 54;

Stiglitz, Joseph 斯蒂格利茨,约瑟夫 92;

subjective probability 主观可能性 142;

subordination 屈从 17-18,76;

suffrage 投票 144-45;

Supreme Court 最高法院:authority of ~的权威 135-37,156;on campaign expenditures 关于活动开支 152;on church-state relations 关于政教关系 59;conservatism of, in early 20th century ~的保守主义,在20世纪早期 138;Constitutional interpretation by ~作出的宪法解释 156;current outlook for 对~的当下前景 157-58;on Guántanamo Bay detentions 关于关塔那摩湾的监禁 27;on individual convictions and personhood 关于个人信念与人格 72;mistakes of ~的错误 156;on pledge of allegiance 关于宣誓效忠 84;on public religious displays 关于公共的宗教展示 86;and *Roe v. Wade* ~以及罗伊诉韦德案 54;role of ~的角色 157-58;and Schiavo case ~和夏沃讼案 136;term limits for, ~的任期限制 158-59;and

tolerant religious state ~与宽容的宗教国家 62-63;
surveillance 监督 24-25, 156-57;

tax cuts 减税:benefits of, for rich ~的好处,对富人 91;and budget deficit ~与预算赤字 91;Bush administration and 布什政府与 ~ 90-92;and economy ~与经济 91-92, 119-20;political reasons behind ~背后的政治理由 92-93, 122-23;

taxes 赋税:arguments concerning current policies on 关于当前 ~ 政策的论辩 119-26; Bush administration and 布什政府与 ~ 119-26;conservatives versus liberals on 关于 ~ 的保守主义者相对于自由主义者 92-93; consumption 消费 117; distributive function of ~的分配功能 92;estate/ inheritance 不动产/遗产 117-18; expenditure of ~的开支 107;and fiscal policy ~与财政政策 91-92, 168n20;insurance pool model of economic justice and 经济正义的保险池模型与 ~ 114-16;and justice ~与正义 105-6;liberty and 自由与 ~ 69;popular opinion on 关于 ~ 的流行观点 93-94, 97-98;progressive 改革论者 117; as theft ~作为盗窃 123-26。See also tax cuts; theory of just taxation 也参见减税;合理税赋理论;

television 电视:political advertising on ~政治广告 151; political coverage on ~政治新闻报道 129, 151-52;public election channels on ~公共选举频道 151;right of comment on 通过~评论的权利 151-52;

terrorism, rights and 恐怖主义,权利与 ~ 24-30, 40-42;

Thatcher, Margaret 撒切尔,玛格丽特 100, 124;

theory of just taxation 合理征税理论:equal opportunity and 平等机会与 ~ 108; requirements of ~的要求 105;

Thomas, Clarence 托马斯,克拉伦斯 157;

Thoreau, Henry David 梭罗,亨利·大卫 69;

tolerance, religious versus secular basis of 宽容, ~的宗教基础相对于世俗基础 56;

tolerant religious state 宽容的宗教国家:basis of, in general theory of liberty ~的基础,在自由的一般理论中 68-69;cultural argument for ~ 的文化论辩 74;and establishment of religion ~与宗教的建立 58-60;and free exercise of religion ~与宗教的自由实践 60-62; secular versus 世俗相对于 ~ 56-57;United States as 美国

作为 ~ 62-63;

tolerant secular state 宽容的世俗国家: argument for ~ 的论辩 66-78; and establishment of religion ~ 与宗教的建立 58-60; and free exercise of religion ~ 与宗教的自由实践 60-62; religious versus 宗教的相对于 ~ 56-57;

Tolstoy, Leo 托尔斯泰,里欧 13;

torture 刑讯: Bush administration and 布什政府与 ~ 25, 38, 156; as human rights violation 作为侵犯人权 38-39;

treaties, rights obligations under 条约, ~ 下的权利保护义务 28-29, 41, 45;

"trickle down" theory of economics 涓滴理论 119;

Tutsis 图西族 46

two-cultures thesis 双文化主题: common ground and 共识与 ~ 7; criticisms of 对 ~ 的批评 3-4; political salience of ~ 的政治特点 4。See also blue culture; red culture 2004 presidential election 也参见蓝色文化;红色文化 2004 年总统大选 1-3;

United Nations Declaration of Human Rights 联合国人权宣言 28;
United Nations Human Rights Commission 联合国人权委员会 42;
USA Patriot Act 美国爱国者法案 24-26;

Virginia Bill for Religious Liberty 弗吉尼亚宗教自由法案 68;
voting rights 投票权 144-45;

Walsh, James T. 沃尔什,詹姆斯 T. 91;
Warren, Earl 沃伦,厄尔 158;
wealth, distribution of 财富,财富分配 91, 126;
welfare 福利 92-93;
Wills, Garry 威尔斯,盖瑞 55;
wiretapping 窃听 25, 26, 156-57;

译后记

现代社会是很多古老真理的克星。刚毅木讷曾经是君子的不二法门,现在再有谁这么守旧,一定找不着工作娶不上媳妇,实属成功人士之大忌。"译事难"也是老派做法了,现在同样一本经典著作,能有好几家出版社好几套班子翻译出版的好几个本子,你说难还是不难?更别说像《哈利·波特》这样魔幻题材的畅销书,为了争取国内上市的进度,译者能以令人咋舌的速度,迅速抛出译本抢占正版书市场。当然,更快的是网络译手或者盗版书不知名的译者,能人辈出,绝对能做到与国际同步。

与这些牛人的光速或者超音速相比,我们两位译者译事的进展超不过龟速,既然不能穿越回古代社会,就只能被打入老古董之列了。从拿到德沃金德老先生的英文原版书到翻译初稿再到一校二校再到最后定稿,薄薄的一本小册子,断断续续地花费了我们将近半年的时间。

想起初读此书,一目了然,我们的大脑沟回很难兴奋,因为德老先生说的都是常识,也都是他几十年如一日的惯常腔调。但是真正到翻译的时候,才发现由一种语言转换到另一种语言,简单的表达也可以谋杀不得了的脑细胞。我们只能自我安慰,德老先生没像欧洲学者那样,动不动甩出法文、德文、西班牙文或者拉丁文,已经很够意思了;而且作为特大奖赏的就是,长句子和难句子并不是家常便饭,还夫复何求呢?

现实总是残酷的,我们还是"有求"的,却未必能"必应"。并不是所有译者都能像谷歌那样,即便是身在香港特别行政区,还能随叫随到竭诚为国内读者服务。我们就像书中的美国人一样,并非铁板一块:虽然是夫妻,毕竟还是两个人,性别不同,见识不同,关注点不同,知识背景不同,生活经历不同,从事的事业不同,想法不一样很正常;但我们又都认同平等人格和自由精神,彼此尊重和信任,能坦然接受对方的质疑和诘问。开译之后,有的时候会为了一些表达而意见不一,合久必分;有些时候则都会被难倒,又会分久必合。如果说民主导致了分裂,它也同样能弥合分歧,将合作推向新的维度。不过,为了对得起德老先生的智慧成果,在翻译统一和分裂反反复复的过程中,译者深刻地感受到了"不折腾"这个乌有之乡,有多么美好,就有多么遥远。

译书的同时,我们也会猜想这位鼎鼎大名的大师级人物,多年来始终如此激情澎湃,檄文天下,生活中会是什么样子呢?《波士顿法律》仿佛为了避免我们再一次的争执,在影像上照着德老先生,量身打造了一位克拉克·布朗法官。这是个把"Shocking"当口头禅的可爱老头,满头白发,不苟言笑,严厉规制律师的不当行为,坚持人类尊严和平等关怀,期许"更加美好的明天"。边看边译,居然会觉得这部名声大噪的《波士顿法律》,是这本《民主是可能的吗?》的有声书,而老法官则是德老先生的代言人;书中探讨的两大原则,具象化之后乔装打扮成了剧中纷繁复杂的疑难案件,有的有解,有的无解,有的差强人意,但不管怎样,民主都已经来过,看过,征服过。

天下没有不散的译事,不论快慢,不论是否较真,也不论是否抽空看美剧,总有收工交活儿的那一天。当牛顿站在巨人肩膀上时,他看到的是经典的三大定律;而当我们谦卑地站上来时,我们看到的不只是一个伟大学者的真知灼见,还有民主的美好明天。

最后,一番感谢是非常必要的。感谢沈明先生,在他的大力支持下,

民主是可能的吗?——新型政治辩论的诸原则

本书得以引入中国,与读者见面。感谢北京大学出版社的杨剑虹与姜雅楠两位编辑,编事繁杂,一本书的出版至少有她们一半的功劳。最后还要感谢我的恩师高鸿钧教授,他百忙之中抽空阅读了我的译序,并提出了很多宝贵的意见。

本书翻译的分工如下:

前言,第一、二、三、五章,结论与总索引　鲁楠

第四章　王淇

译者

2010年5月于寓所

著作权合同登记号　图字:01-2009-1671
图书在版编目(CIP)数据

民主是可能的吗?:新型政治辩论的诸原则/(美)德沃金(Dworkin,R.)著;鲁楠,王淇译.—2版.—北京:北京大学出版社,2014.8
ISBN 978-7-301-24341-1

Ⅰ.①民… Ⅱ.①德… ②鲁… ③王… Ⅲ.①民主政治-研究-美国 Ⅳ.①D771.221

中国版本图书馆 CIP 数据核字(2014)第 118396 号

Is democracy possible here?:principles for a new political debate/Ronald Dworkin
Copyright © 2006 by Ronald Dworkin
Published by Princeton University Press
All rights reserved. No part of this book may be reproduced or transmitted in any form or by any means,electronic or mechanical,including:photocopying,recording or by any information storage and retrieval ststem,without permission in writing form the Publisher.
Simplified Chinese translation copyright © 2014 by Peking University Press
ALL RIGHTS RESERVED.

书　　　名:	民主是可能的吗?——新型政治辩论的诸原则
著作责任者:	〔美〕罗纳德·德沃金　著　鲁楠　王淇　译
策 划 编 辑:	冯俊文　曾健
责 任 编 辑:	冯俊文　苏燕英
标 准 书 号:	ISBN 978-7-301-24341-1/D·3591
出 版 发 行:	北京大学出版社
地　　　址:	北京市海淀区成府路 205 号　100871
网　　　址:	http://www.yandayuanzhao.com
新 浪 微 博:	@北京大学出版社　@北大出版社燕大元照法律图书
电 子 信 箱:	yandayuanzhao@163.com
电　　　话:	邮购部 62752015　发行部 62750672　编辑部 62117788 出版部 62754962
印　刷　者:	北京中科印刷有限公司
经　销　者:	新华书店 965 毫米×1300 毫米　16 开本　12.25 印张　170 千字 2012 年 1 月第 1 版 2014 年 8 月第 2 版　2016 年 1 月第 2 次印刷
定　　　价:	39.80 元(精装版)

未经许可,不得以任何方式复制或抄袭本书之部分或全部内容。
版权所有,侵权必究
举报电话:010-62752024　电子信箱:fd@pup.pku.edu.cn